# Beten mit dem Bleistift

*„Einen Teil der Zeit verbrachte er mit Schreiben,*
*einen Teil mit Gebet.*
*Und die größte Tröstung, die er empfing, war,*
*den Himmel zu schauen und die Sterne.“*

(Ignatius von Loyola: Bericht des Pilgers,
1. Kapitel, Abschnitt 11, Echter Verlag 2015)

Lisa F. Oesterheld

# Beten mit dem Bleistift

## – Ein Übungsweg –

echter

# Inhalt

**Bedeckter Himmel**



**Der Duft des Sommers**

# Vorwort

Sie sitzt am Küchentisch und beugt sich über einen Briefbogen. „Ich vermisse dich, Liebster!", murmelt sie halblaut beim Schreiben. Ihre braunen Locken kringeln sich im Nacken. „So viel ist passiert in den letzten Wochen. Werden meine Worte es einfangen?" Nur noch das Kratzen des Bleistiftstummels ist zu hören. Auch dieses Geräusch verstummt; die junge Frau legt den Stift beiseite und sitzt einfach da. Sie lächelt, den Blick nach innen gewandt. Anspannung löst sich aus Gesicht und Schultern. Eine andächtige Stille erfüllt den Raum – wie ein Gebet.

Diese Szene aus einem Spielfilm beschreibt eine Erfahrung, die sich beim Schreiben ereignen kann. Es geschieht etwas mit uns. Im Prozess des Schreibens können wir die göttliche Gegenwart erfahren. Wir begegnen uns selbst, dem Leben und Gott darin.

Viele machen gelegentlich solche Erfahrungen: Wenn sie einen Brief schreiben, sich Notizen in ein Tagebuch machen oder eine persönliche E-Mail verschicken. In diesem Buch geht es um das Schreiben als einem bewusst gewählten spirituellen Übungsweg. Es enthält kurze Einführungen und Übungen zu verschiedenen Themen und dazu jeweils einen Impuls zum biographischen Schreiben sowie zum schreibenden Meditieren mit einem biblischen Text. Für die Übungen habe ich die vertrauliche **DU**-Anrede gewählt, um ein leichteres Hineinfinden zu ermöglichen. Das entspricht den Anleitungen im Bibliodrama oder vergleichbaren Kontexten.

Das Buch fußt auf meinen Erfahrungen als Autorin und als Geistlicher Begleiterin. Die Spiritualität des Hl. Ignatius von Loyola prägt die Impulse. Er war vertraut mit spirituellen Prozessen und beseelt vom Glauben an die göttliche Gegenwart in allem.

Ich hoffe, dass dieses Buch dazu ermuntert, einen eigenen betenden Weg zu gehen. Schreiben kann ein Werkzeug dabei sein, um in Kontakt zu uns und zu Gott zu kommen. Das kann im ausdrücklichen Gottesgespräch sein oder in der Erfahrung vertiefter Präsenz, in die wir hineinfinden.

Wir können uns schreibend und hörend lediglich disponieren, doch das Wesentliche wird uns geschenkt. Darauf vertraue ich.

Mit besten Wünschen
*Lisa F. Oesterheld*

# Worum es geht – Wer. Wie. Was.

*Sonderbar*

*Schreiben, ohne zu wissen wie.*
*Gehen, ohne zu ahnen wohin.*
*Und doch wächst das Wort*
*und wird zum Weg.*[1]

1 „Sonderbar“ aus: Lisa F. Oesterheld, Hymne ans Leben, Echter Verlag 2019, S. 29

# Worum es geht

Ziel dieses Buches ist, zum vertieften Kontakt zu sich selbst und zum göttlichen **DU** in uns zu finden. Durch das Schreiben gelangen wir an Schichten unserer Person, die im Grund unserer Seele schlummern. Die Schreibübungen dienen dabei als „Tiefenbohrungen"[2]. Wie bei Bohrtürmen, die in kurzer Zeit in erstaunliche Tiefen hinabgelangen, können wir mit dem meditativen Schreiben zu unserem innersten Kern Zugang bekommen. Das ist jederzeit möglich. Die Schreibübungen lassen sich in einem normalen Alltagsleben mit Beruf, Familie, Einkaufen, Putzen, Büro praktizieren.

Wenn wir die Erfahrungsschätze unseres Lebens entdecken und schreibend noch einmal ans Tageslicht befördern, kann enorme Lebensenergie freigesetzt werden. Schönes und Schweres kann auftauchen, sodass wir die Fülle des Lebens spüren. Es kann sich anfühlen, als platzten Krusten unserer Seele ab. Wir gelangen schrittweise zum Kern unserer Person. Es ist ein Prozess der Selbstwerdung. Dieser Weg hat eine spirituelle Dimension: im Kern unseres Wesens sind wir zutiefst mit Gott verbunden. Er ist das Innerste unseres Innern.

Sowohl durch die biographischen Schreibimpulse, verstärkt durch die biblischen Impulse, betreten wir den Raum der Gottesbegegnung:

*Im Innersten und in unserer größten Lebendigkeit*
*ist Gott auffindbar!*

---

2 Die Mystikerin Madeleine Delbrêl gebraucht den Ausdruck „Tiefenbohrung" für kleine Unterbrechungen im Tun, in denen wir Kontakt zu Gott aufnehmen; s. „Gott einen Ort sichern", S. 55.

# Wer

Die Impulse und Übungen dieses Buches richten sich an alle, die mit dem Medium des Schreibens einen spirituellen Erfahrungsweg gehen möchten. Ebenso können sie von Menschen genutzt werden, die andere auf ihren spirituellen Wegen begleiten.

# Wie

Beten mit dem Bleistift – wie kann das gehen? Zunächst lernen wir beten dadurch, dass wir es tun, statt darüber nachzudenken. Dies trifft auch für das „Beten mit dem Bleistift" zu. Wenn wir uns ausrichten auf Gott, der sich im Buch Exodus des Alten Testaments als der **ICH BIN DA** zu erkennen gibt, öffnen wir uns Gott gegenüber. Wir treten ein in ein Beziehungsgeschehen. Wie in menschlichen Beziehungen kann sich die Gottesbeziehung sehr unterschiedlich gestalten. Das heißt, dass auch die Weise des Betens viele Formen haben kann.

1. Schon das bloße Präsentsein, zu dem das Schreiben lockt, kann eine Art des Betens sein. Teresa von Ávila vergleicht dies mit dem Verweilen bei einem Freund, von dem wir wissen, dass er uns liebt[3]. Das kann vollkommen ohne Worte geschehen. Ich spüre ein **DU** in mir, welches geheimnisvoll da ist im Grund meiner Seele. Zu diesem **DU** Gottes kann sich ein Kontakt entfalten und entwickeln. Menschen, die lange ver-

---

3 Teresa von Ávila beschreibt in ihrer Biografie „Das Buch meines Lebens" auch ihren Gebetsweg des „inneren Betens", in der sie die Art des inneren Verweilens als Meditations- und Gebetsform als Segen für ihr Leben beschreibt. Damit war sie eine spirituelle Pionierin, die auch andere dazu anleitete.

heiratet sind oder in einer anderen Liebesbeziehung oder Freundschaft leben, kennen und schätzen dieses stille Verweilen beieinander, wo es keiner Worte bedarf.

2. Eine zweite Weise ist das ausdrückliche Gespräch. Ich kann dem anderen mein Herz ausschütten, ihm meine Fragen, Sorgen, Hoffnungen und Träume mitteilen und mit größtem Interesse auf die Worte des anderen lauschen. Das ist auch im Hinblick auf Gott so. Viele der Übungen in diesem Buch regen an zum vertrauensvollen Schreibgespräch mit Gott. Es kann im Schreiben geschehen als ein Dialog auf dem Papier.

3. Die dritte Weise ist der innere Dialog mit Gott als Gebet im Anschluss an eine Schreibübung. Wir sind dann durch das Schreiben dafür vorbereitet. Manchmal wird das Innere durch das Schreiben erst freigeräumt von dem, was unsere Seelenkanäle verstopft, wie Eindrücke, unverdaute Erfahrungen und Gefühle ... Sind wir erst einmal „leergeschrieben", können sich ein tiefer Frieden und Ruhe einstellen.

Wer sich auf einen Erfahrungsweg mit den vorgeschlagenen Übungen begibt, wird erfahren, dass sich in ihm und in ihr etwas bewegt. Verschiedene Regungen, Stimmungen und Bewegtheiten werden sich einstellen. Das können Freude, Wut, Ärger, Ruhe, Unruhe oder anderes sein. Bei verschiedenen Regungen kann es uns ins Gebet locken und ziehen – ein Signal, den Stift beiseitezulegen und zu lauschen, liebend da zu sein im inneren Gottesgespräch. Aus diesem Grund ermutige ich immer wieder, Stille zu halten nach und vor den Übungen oder auch zwischendurch. Stille ist elementar für das Schreiben und jeden spirituellen Weg. Erst in der Stille werden wir zu Hörenden und sehen von unserem Ego ab. Sie schenkt Freiheit und Leichtigkeit. „An der Hand der Stille beginnt sie (die Seele) zu tanzen“[4], habe ich einmal in einem Gedicht geschrieben.

Last but not least: Bei allem Bemühen ist Beten ein Geschenk, dass wir nicht machen können. Was geschieht, ist Gnade und unverfügbar.

Unser Part ist es, uns vorzubereiten und mit Sorgfalt und nach Möglichkeit regelmäßig die Übungen durchzuführen. Ein Segen ist es auch, in Treue bei dem gefassten Entschluss zu einer Übung dranzubleiben. Manchmal heißt das schlicht, am Schreibplatz auszuharren, so gut es geht, und die vorgenommene Übung zu Ende zu bringen. Gleichzeitig geht es bei diesem Schreibweg darum, frei von Leistungsdenken eher spielerisch zur Feder zu greifen. Auch wenn wir es in der Schule anders erlebt haben, wo unsere Ergebnisse bewertet wurden: Wir dürfen einfach drauflosschreiben und brauchen keine gelungenen literarischen Texte produzieren. (Manchmal entstehen sie als Randprodukt.)

Es geht hier um einen Beziehungsprozess zu uns selbst und zu Gott, in den es sich lohnt, mit Großherzigkeit und innerer Weite sich hineinzubegeben. Diese Grundhaltung legt auch Ignatius den Übenden im Exerzitienbuch nahe.[5] Sie wird immer beantwortet von unserem Schöpfer und korrespondiert mit der göttlichen Freigiebigkeit!

---

4 Lisa F. Oesterheld, „Bewegungen“, aus: Hymne ans Leben, Echter Verlag 2019, S. 21.

5 In der 5. Vorbemerkung des Exerzitienbuches weist Ignatius auf die Bedeutung dieser Haltung hin (EB 5). Er bezeichnet diese als „grande aninimo y liberalidad“.

Für das Üben empfehle ich zunächst die Reihenfolge der Übungen einzuhalten. Bei Übungen, in denen viel Energie in Fluss kommt, ist eine Wiederholung und ein Verweilen ratsam. Es kommt nicht auf die Menge des Stoffes an, sondern auf die innere Beteiligung, ein „Kosten von innen“[6], nennt es Ignatius von Loyola im Exerzitienbuch. Wir können auf Gottes Geist vertrauen, der uns führt und der unser Maß kennt und respektiert. Das bedeutet, dass es sinnvoll ist, zu erspüren, ob nur einer der vorgeschlagenen Impulse bei einem Thema reicht (der biographische oder der biblische). Hilfreich ist es auch, die Impulse jeweils am Vorabend zu lesen, sodass die Seele schon Geschmack bekommt auf die persönliche Schreibzeit am nächsten Tag. Möge die Freude der Leitstern sein!

## Was

Das Buch enthält 35 Themen, die nach einer kurzen Einführung zu einem biographischen und einem geistlichen Schreibimpuls führen. Die thematischen Impulse bauen aufeinander auf, sind jeder für sich auch einzeln verwendbar.

Die geistlichen Impulse sind in der Regel mit einem biblischen Text verknüpft, der auch im Buch abgedruckt ist. Es empfiehlt sich, zusätzlich eine Bibel zur Hand zu nehmen, in einer vertrauten Übersetzung.

Die Heilige Schrift ist für mich als Christin mein Zuhause. In den Schriften des Alten Testaments staune ich immer erneut über das göttliche Heilswirken in der Geschichte, über die Schönheit der Psalmen, den Reich-

---

6 Ignatius von Loyola hält diesen Aspekt für so wichtig, dass er ihn in der 2. Vorbemerkung am Beginn des Exerzitienbuches benennt (EB 2).

tum der Bilderwelt und vieles mehr. Im Neuen Testament leuchtet für mich vor allem die Gestalt Jesu auf: Seine Gottesbeziehung, aus der er schöpft und wirkt wie aus einer tiefen Quelle. Auch die Kühnheit seines Weges der Liebe und Freiheit begeistert mich. Aus meiner Sicht sind die biblischen Schriften ein universaler Schatz für jeden spirituell suchenden Menschen!

*Offenes Fenster*
*die Stille des Waldes –*
*ein erwünschter Gast*

# Vorbereitung

Den Schreibtisch habe ich freigeräumt. Mit meiner Handfläche streiche ich über die Eichenholzplatte. Ich ertaste die Schrammen und Fasern des Holzes. Mein Füller liegt an seinem Platz. Ein kurzes Gebet, mein Anfangsgebet, hilft mir, mich innerlich einzustimmen:

*„Guter Gott. Ich bin da. Sende deinen Geist in mein Herz.*
*Hilf mir zu erkennen, wie mein Weg mit dir weiterführt.*
*Schenke mir deine Gnade. Amen."*

Wie ein Blickkontakt und eine Anrede ein Gespräch eröffnen, wirkt auch ein Anfangsgebet. Es wirkt sich ordnend und öffnend aus. Ein Anfangs- wie auch ein Schlussritual kann der Schreib- und Gebetszeit einen guten Rahmen bieten. Es lohnt sich, uns solche Rituale anzueignen. In der Geistlichen Literatur gibt es viele Anfangsgebete, die Betende für sich gefunden haben. Natürlich können wir uns auch wortlos mit einer Geste ausrichten. Mit einem Kreuzzeichen, drei bewussten Atemzügen oder einer Verbeugung können wir bewusst unser Tun in die Hand eines Größeren legen.

# Übung

Überlege, welche „Gesprächseröffnung" dem Gespräch deines Herzens hilft. Möglicherweise hast du ein Gebet, das dir vertraut ist wie das Vaterunser. Wenn du bereits das Passende gefunden hast, bleibe dabei! Oder experimentiere zunächst, welche Eröffnung zu dir passt und lasse deine eigenen Worte kommen.

1. Schreibe dein persönliches Vorbereitungsgebet! Dabei kannst du dich von dem Druck freimachen, etwas Besonderes zu Papier zu bringen. Beginne mit dem, was in dir ist, was ist:

- *Beispiel:*
  „Hier bin ich Gott, mit meinem unruhigen Geist, meiner Sehnsucht. Du kennst mich. Komm Heiliger Geist!"

2. Notiere dir die Erfahrung mit einer bewussten Eröffnung im Anschluss an deine persönliche Betrachtungszeit.

- *Beispiel:*
  „Es wird etwas frei in mir. Mein Druck, etwas zu leisten, ist verschwunden. Ich habe ein Ziel, aus dem sich die Dinge heraus sortieren."

# Was suchst du?

Meine Nachbarin klingelt. Sobald ich die Haustür geöffnet habe, sprudeln die Worte aus ihr heraus. „Was möchte sie?", frage ich mich. „Will sie einfach vorbeischauen, einen Rat oder etwas ausleihen?" Nach und nach ahne ich, um was es ihr geht. Endlich rückt sie mit ihrem Anliegen heraus ...

Manchmal scheuen wir uns zu sagen, was wir wollen. Oft wissen wir es gar nicht. Eine Bitte auszusprechen, umgehen wir am liebsten. Dabei antworten viele Menschen mit Großzügigkeit auf eine Bitte.

In der Bibel ermuntert Jesus Menschen, das zu sagen, was sie sich ersehnen. In der ersten Begegnung von Jesus im Johannesevangelium 1,38 mit seinen späteren Jüngern fragt er sie:

*„Was sucht ihr?"*

Dies ist die erste Frage, die Jesus im Johannesevangelium stellt.

# Übung

Spüre vor dem Schreiben in dich hinein, um was es dir jetzt geht. Lass dir Zeit! Sprich oder schreibe es auf: „Ich suche Klarheit, ich möchte Ruhe finden, …“

Folgende Schreibübung, inspiriert von der Autorin und Kursleiterin Anna Gamma[7], kann dich auf eine tiefere Spur deiner Sehnsucht führen:

1. Notiere spontan ein Wort, das dir in den Sinn kommt! Zum Beispiel ***Ruhe***. Zu diesem Wort schreibe neun Worte, die dir dazu spontan einfallen.

- *Beispiel:* ***Ruhe***
  schlafen, Erfrischung, munter, still werden, aussteigen, Wiese, Himmel, Herz, Gott

  Unterstreiche mit dem Stift das Wort aus deinen neun Wörtern, welches die stärkste Energie hat. Mit diesem Wort beginne zu schreiben, was dir einfällt. Schreibe 15 Minuten, ohne den Stift abzusetzen.

  Wenn dir nichts einfällt, wiederhole das Wort so lange, bis andere Worte kommen. Lass Rechtschreibung und Logik hier getrost beiseite. Entscheidend ist, dass deine Hand in Bewegung bleibt, bis die Zeit um ist. Lass dich überraschen!

---

7 Anna Gamma, Autorin und Kursleiterin, regt in ihrem Buch „Schreiben als Weg“ dazu an, ein Wurzelwort zu finden, das ins Schreiben führt aus einer Reihe assoziativ notierter Wörter.

- ***Beispiel: aussteigen***
  Einfach alles hinter mir lassen. Den Wäscheberg, die unerledigten Vorhaben. Losfahren. Aussteigen aus den Ansprüchen und ins Horchen kommen. Freude steigt auf in mir und ein Gefühl von Freiheit …

2. Lies dir die Schilderung der Begegnung von Jesus mit zwei Jüngern von Johannes durch (Johannes 1,38-39). Auf Jesu Frage: „*Was sucht ihr?*" antworten sie: „*Wo wohnst du?*" Jesus lädt sie ein mitzukommen. Sie gehen mit ihm und bleiben den Tag über bei ihm. Betrachte die Szene vor dem inneren Auge und schreibe aus der Perspektive von einem der beiden über das Erlebte.

- ***Beispiel:***
  Überraschend ist meine Sehnsucht, mehr über diesen Jesus zu erfahren, gestillt worden. Er hatte sich nach uns umgedreht und im Gespräch hat er uns spontan eingeladen. Wir sind gleich mitgegangen. Seine Art zu sprechen und zuzuhören hat mich angerührt. Er spricht aus großer Tiefe. Dabei schaut er einen an, als könne er direkt ins Herz blicken. Es ist, als hätte ich immer nach ihm gesucht …

# Zeiten

Es ist noch still im Haus. Durchs geöffnete Fenster tönt der Gesang der Amseln und die heiseren Rufe der Dohlen. Ich genieße es, auf Zehenspitzen durchs Haus zu gehen. Alles liegt noch vor mir am Morgen. Er ist wie ein unbeschriebenes Blatt.

Beterinnen und Beter hatten von jeher ihre besonderen Zeiten zum Beten. In vielen Klöstern sind für das persönliche Gebet extra Zeiten reserviert. Der gewöhnliche Alltag mit Beruf, Familie, Haushalt lässt das nicht so leicht zu, doch auch hier lassen sich Zeitnischen finden.

Schriftstellerinnen und Dichter pflegten auch bevorzugte Schreibzeiten: Virginia Wolf schrieb immer am Vormittag, Kafka liebte die späte Abendstunde am Feierabend und die Nachtstunde. Jede Zeit hat ihre eigene Farbe und ihr eigenes Gepräge.

Wenn du den Wunsch hast, jeden Tag deine Schreibzeit zu finden, empfiehlt es sich, die bestmögliche Zeit zu wählen. Vermeide es, diese aufzuschieben am Tag, bis nur noch die „Abfallzeit“ übrigbleibt. Es wirkt sich aus! Außerdem wirst du danach präsenter in anderen Begegnungen sein.

Die Bibel verwendet häufig Zeitangaben, die unterschiedliche Nuancen des Tages deutlich machen wie *„die zehnte Stunde“* als die Spätnachmittagszeit. Der Evangelist Markus schildert die Morgenfrühe als eine bevorzugte Zeit Jesu:

*„In der Frühe ging Jesus auf einen einsamen Berg, um zu beten.“*
(Markus 1,35f)

• • • • • •

# Übung

1. Schreibe von einer Tageszeit, die dir als Schreibzeit gefällt. Das kann die Mittagspause sein im Büro, wenn du dich zurückziehst für ein paar Minuten oder die erste Viertelstunde deines Feierabends bei einer Tasse Tee.

- ***Beispiel:***
  Das Telefon schweigt. Mein Handy ist ausgeschaltet. Noch bevor ich aufstehe, greife ich im Bett zum Schreibheft. Immer mehr wird es mein Gebetsort. Noch ist kein Wort über meine Lippen gekommen. Ich bin ganz bei mir und bei Gott. Es ist eine geschenkte Zeit von **DU** zu **DU**.

2. Lies die biblische Schilderung von Jesu Zeit aus dem Markusevangelium 1,35. Beschreibe, wie du die Szene im inneren Bild erblickst! Im Anschluss nimm dir Zeit, in der Vorstellung neben Jesus zu verweilen (schweigend oder mit Worten).

- ***Beispiel:***
  Alles sieht noch grau aus. Es raschelt in den Sträuchern. In der Ferne bellt ein Hund. Aus den Häusern ist Tellerklappern zu hören und gedämpfte Stimmen. Langsam wird es heller. Die Farben nehmen zu. Jesus packt ein Stück Brot ein, wickelt sein Umschlagtuch fester um sich und nimmt einen Schluck Wasser. Dann macht er sich auf den Weg den Berg hinauf. Knirschend setzt er die Schritte auf den steinigen Untergrund …

# Orte

Eine Bank am Weiher im Stadtpark ist einer meiner Lieblingsorte auf meinen täglichen Wegen. Sie steht unter einer Eiche, die Schutz bei Hitze und Regen schenkt. Dorthin zieht es mich immer wieder. Der Blick aufs Wasser lässt mich jeden Tag anderes entdecken. Enten und Blesshühner drehen ihre Runden im glitzernden Nass. Ihr Gefieder glitzert in der Morgensonne. Auf der rückwärtigen Wiese tummeln sich hier nachmittags und abends Grüppchen zum Picknick oder Ballspielen. In der Frühe führen Hundebesitzer ihre Vierbeiner aus. Ich bin ein Teil dieser Szene zwischen Bäumen, Wasser, Himmel und Gras. Aus meiner Jeanstasche angle ich einen Notizblock und einen Bleistiftstummel. Worte steigen auf. Ich schaue, lausche und notiere.

Es gibt Orte, da fängt unser Herz an zu schwingen. Für deine persönliche Schreib- und Gebetszeit lohnt es sich, auf Entdeckungsreise zu gehen. Die Orte liegen oft vor der Haustür oder auch in der eigenen Wohnung. Es können ganz gewöhnliche sein: ein Gartenstuhl auf dem Balkon, der Lieblingssessel am Fenster, der Küchentisch, eine Meditationsecke, eine Bank in der Kirche. Etwas in uns öffnet sich dort und lässt uns gesammelt da sein.

Auch in der Bibel gibt es immer wieder Angaben zu Orten, die neben der geographischen Ortsangabe eine tiefere Bedeutung haben, zum Beispiel am Wege, auf einem hohen Berg, am Ufer eines Sees, im Haus des Simon oder an einem stillen Ort. Bei der ersten Begegnung mit Jesus am Jordan fragen zwei Jünger des Johannes Jesus *„Wo wohnst du?“* (Johannes 1,38). Hinter der Frage nach seinem Lebensort klingt Interesse an Jesus durch, als verriete seine Bleibe etwas über ihn selbst.

# Übung

1. Suche verschiedene Orte bewusst auf und erspüre ihre Atmosphäre. In welcher Weise bist du da? Beschreibe einen dieser Orte.

   Du kannst dafür die Form des ***Zevenaars*** probieren. Diese Gedichtform habe ich von Monika Tieber-Dorneger[8] in Schreibexerzitien kennen und schätzen gelernt. Es ist ein Gedicht in sieben Zeilen nach diesem Schema:

   1. Zeile: ein Platz/Ort
   2. Zeile: ein Ich-Satz mit einer Tätigkeit
   3. Zeile: ein Vergleich oder eine Frage
   4. Zeile: ein Detail aus einer der vorhergehenden Zeilen
   5. Zeile: eine Erweiterung
   6. Zeile: wie Zeile eins
   7. Zeile: wie Zeile zwei

● ***Beispiel:***
Auf meiner Bank am Weiher
fange ich an zu lauschen.
Was zeigt sich mir?
Ich höre das Wispern des Windes,
das Planschen des Blesshuhns.
Auf meiner Bank am Weiher
fange ich an zu lauschen.

---

8 Monika Tieber-Dorneger (www.schreibflow.at) bietet seit vielen Jahren ignatianisch geprägte Schreibexerzitien im deutschsprachigen Raum an. In diesen verwendet sie verschiedene Gedichtformen, die in den inneren schreibenden Prozess führen.

2. Meditiere die Einladung Jesu an die Jünger, sich seinen Ort anzusehen (Johannes 1,35f). Beschreibe, was du erfährst!

- *Beispiel:*
  Die geöffnete Holztür führt in einen schlichten Raum. Der Lärm der Straße gelangt nur gedämpft hinein. Die Wände sind weiß getüncht. Licht schimmert durch die Ritzen der Tür an der Rückwand des Raums. Sie führt in einen Garten. Auf einem Olivenbaum hockt eine Lerche und singt. Der knorrige Stamm des Baums erzählt von einem langen Leben. Alles scheint hier zu sprechen. Es ist wie ein schweigender Lobpreis.

# Stille

Regentropfen fallen in die Pfützen und bilden Bläschen. Der Wind formt Rillen auf der Wasseroberfläche. Auf dem Vordach der Haustür trommelt der Regen. Als der Himmel aufreißt, ist es still. Jäh heult ein Automotor auf wie eine Sirene und zerreißt für einen Moment die Stille.

Stille ist eine Grundlage für jeden spirituellen Prozess. Es beginnt mit dem Schweigen des Mundes. Noch mehr führt uns das Schweigen der Gedanken in die Stille. Dies ist zugleich ein aktiver und passiver Akt.

Gottes Anwesenheit erschließt sich in der Stille. Die Begegnung von Elia am Gottesberg Horeb im ersten Buch der Könige 19,1-21 erzählt davon:

*„Der Herr sprach: Geh heraus und tritt hin auf den Berg*
*vor den HERRN! Und siehe, der HERR ging vorüber.*
*Und ein großer, starker Wind, der die Berge zerriss*
*und die Felsen zerbrach, kam vor dem HERRN her;*
*der HERR aber war nicht im Winde.*
*Nach dem Wind aber kam ein Erdbeben;*
*aber der HERR war nicht im Erdbeben.*
*Und nach dem Erdbeben kam ein Feuer;*
*aber der HERR war nicht im Feuer.*
*Und nach dem Feuer kam ein stilles, sanftes Sausen.*
*Als das Elia hörte, verhüllte er sein Antlitz mit seinem Mantel*
*und ging hinaus und trat in den Eingang der Höhle.*
*Und siehe, da kam eine Stimme zu ihm und sprach:*
*Was hast du hier zu tun, Elia?“*

Diese Gotteserscheinung übersetzt der Religionsphilosoph Martin Buber als „Stimme verschwebenden Schweigens“.

• • • • • •

# Übung

1. Wie ist deine Erfahrung mit Stille? Fällt dir eine Situation ein, in der du sie eindrücklich erlebt hast? Beschreibe eine Erfahrung von Stille mit allen Details, die dir einfallen. Wähle daraus ein Bild aus und fasse es in ein Kurzgedicht, zum Beispiel ein ***Haiku***, einem Dreizeiler in siebzehn Silben (5/7/5).

- *Beispiel:*
  Bei Sonnenaufgang/
  Zweige regen sich. Im Flieder/
  raschelt die Amsel.

2. Lies die Geschichte von Elia am Horeb (1. Buch der Könige 19,1-21) und fühle dich ein in Elia. Er ist lange gewandert und wartet auf Gottes Erscheinen. Verlege die Erzählung in die heutige Zeit. Schreib aus der Perspektive des Elia in einer frei gewählten Form (Prosa oder Gedicht).

- *Beispiel:*
  Ich schenke dir Gott,
  das Schweigen meines Handys.
  Dort fand ich dich nicht.
  Ich schalte es aus.
  Ich schenke dir Gott die Stille
  meiner Worte und Gedanken.
  Sie kreisen um mich selbst.
  Leere entsteht, ein Luftzug,
  der den Grashalm zittern lässt.
  Ein leichter Hauch weht.
  Die Stille lebt. **DU** bist.

# Eine biblische Erzählung vergegenwärtigen

„Die Burg ist sehr groß geworden. Der Turm reicht bis an die Tischkante“, beschreibt Leo am Telefon die Lego-Burg, die er mit seinem Freund gebaut hat. „Wir haben zwei Rittermannschaften. Eine verteidigt die Burg. Die andere stürmt auf den weißen Pferden heran.“ Bei seiner Schilderung sehe ich die Szene vor mir, als säße ich daneben.

Worte haben die Kraft, Bilder in uns zu wecken. Sie bilden Wirklichkeit ab. Je konkreter die Worte sind, desto leichter stellen sich Bilder in uns ein. Viele biblische Erzählungen sind konkret geschildert und zugleich lassen sie Raum für eigene Bilder, denn sie verzichten weitgehend auf deutende Adjektive. Beim Hören oder Lesen der biblischen Texte kann ein innerer Film entstehen.

Diese Meditationsform hat auch der Hl. Ignatius als fruchtbare Betrachtungsform entdeckt. Er nannte sie

*„Bereitung des inneren Schauplatzes“.*

In seiner Anleitung umreißt er jeweils knapp die biblische Szene und empfiehlt, sie sich mit allen Sinnen vorzustellen: die anwesenden Personen, wie sie aussehen, riechen, was sie sagen. Dies ist der vorbereitende Schritt, um ins Beten zu finden.

So leitet er auch im Exerzitienbuch zur Betrachtung der Geburt Jesu an (Lukas 2,4-11). Du kannst es probieren und diese Methode auch auf andere Erzählungen anwenden. Es kann eine Tür zum persönlichen Beten sein.

• • • • • •

# Übung

1. Vergegenwärtige dir, was dir kürzlich jemand erzählt hat, das dir noch lebendig im Herzen ist. Das kann zum Beispiel die Schilderung eines Urlaubs, eines Konzertbesuchs, einer Tätigkeit oder Begegnung sein. Schreibe eine kurze Sequenz dieser Mitteilung auf!

- *Beispiel:*
Der Himmel war finster. Nur die Umrisse der Bäume und Sträucher waren zu sehen, als er mit dem Hund im Garten war. Milchiges Licht hüllte alles ein. Mit einem Mal war es, als sei ein unsichtbarer Lichtschalter bedient worden. In wenigen Sekunden schob sich der Mond vor, bis er wie eine goldene Scheibe über den Gärten leuchtete. Er stand da und staunte.

2. Schlag die Bibelstelle von der Geburt Jesu auf (Lukas 2,4-11). Wähle darin deinen Platz und fange aus dieser Perspektive an zu schreiben. Es kann auch eine imaginierte Rolle sein (der Esel, das Rind im Stall, eine Hirtin ...). Im Anschluss halte (betend) inne und spüre, was sich in dir regt.

- *Beispiel:*
Hirtin: Diese Nacht war anders. Es war klirrend kalt. Die Sterne leuchteten. Ich war dran mit der Nachtwache. Den Umhang habe ich fest um mich gewickelt. Plötzlich war es gleißend hell. Meine Füße strauchelten. Die Hände schnellten vor die Augen. Auf freiem Feld stand ein Engel und sprach zu uns. Hatte ich geträumt? Nein! Auch die anderen rannten herbei. Wie in Trance sind wir losgezogen, um das Kind zu finden, von dem der Engel sprach.

# Heute mit Gott im Gespräch

Heute, mit meiner Zerrissenheit, den vielen Gedanken und Plänen, sehe ich Lichtflecke auf dem Papier tanzen. Ich schreibe. Meine Gedanken springen hin und her. Dir Gott, vertraue ich mein Durcheinander an. Es tut gut, da zu sein und zu schreiben. Hörst du mich? „Sei in mir!", antwortest du mir ...

Viele Mystiker und Mystikerinnen wie Teresa von Ávila, Franz von Assisi, Madeleine Delbrêl oder Etty Hillesum waren schreibend mit Gott im Gespräch. Gott ist das **DU**, an das sie ihre Worte richten. Ihre Fragen, ihre Freuden und Schmerzen bringen sie diesem geheimnisvollen **DU** aufs Papier. Sie schreiben frisch von der Leber weg. Wort um Wort wächst dabei ein Zutrauen. Es entsteht eine Antwort aus der Stille, in Worten und zwischen den Zeilen. Die verborgene Anwesenheit Gottes wird für sie schreibend erfahrbar. Größte Lebendigkeit und Präsenz vollziehen – das **DU** Gottes und der eigene Seelengrund sind im Gespräch.

Das Wort „heute", welches die Gegenwart umschreibt, ist eines der Schlüsselworte in der Bibel. Im Hebräerbrief 3,7 und im Psalm 95,7 heißt es:

*„Heute, wenn ihr seine Stimme hört,*
*verhärtet nicht eure Herzen!"*

Wir brauchen die Erinnerung daran, um unser Herz offen zu halten und der Verhärtung entgegenzutreten. Beten und Schreiben helfen dabei.

• • • • • •

# Übung

1. Suche einen ruhigen Platz auf, richte dich aus auf Gottes Gegenwart und nimm dein Schreibzeug zur Hand. Beginne mit dem Wort *„**heute**“* zu schreiben. Schreibe mindestens zehn Minuten lang. Wenn es stockt, wiederhole den letzten Satz so lange, bis es weiter geht. Schreibe hörend, was Gott dir sagen will!

2. Meditiere den Aufruf aus dem Hebräerbrief 3,7 *„Heute, wenn ihr seine Stimme hört, verhärtet nicht eure Herzen!“* als Einladung für diesen Tag heute! Ertaste schreibend, was das für dich sein kann.

- *Beispiel:*

Heute will ich offen sein
für deine Nähe –

Hörräume frei lassen,
Sehhilfen benutzen,
mich hinhaltend,
für das Wunder deiner Gegenwart

mein Herz ist in deiner Hand
ein kleiner Vogel, der sich
in deine Handfläche schmiegt,
bereit loszufliegen.

# Mit allen Sinnen

Der Boden ist vollgesogen vom nächtlichen Regen. Auf dem Bürgersteig liegen Blätter und Aststückchen. Unter den Schuhsohlen spüre ich die Glätte der Blätter und die Hubbel der Hölzchen. Ich taste mit meinen Füßen. Die gelenkte Aufmerksamkeit ist wie eine Entdeckungsreise.

Aufmerksamkeit auf unsere Sinne erfrischt. Gedanken an Zukünftiges oder Vergangenes treten in den Hintergrund. Gegenwart ist immer göttlich. Sie lässt uns wach da sein für das, was wir wahrnehmen.

Oft braucht es etwas Zeit, bis unsere Sinne wach werden, aber dann ist es wie ein neues Sehen, Hören, Riechen, Schmecken, Fühlen. Das geht leicht in der Natur oder bei Tätigkeiten mit unseren Händen wie Gemüseputzen, Waschbecken schrubben, Blumen umtopfen ... Die Aufmerksamkeit können wir auch bewusst auf einen unserer fünf Sinne richten; zum Beispiel besonders auf einen Sinn, den wir eher vernachlässigen. Der Evangelist Markus erzählt, wie ein blinder Mann schrittweise wieder sehen kann (Markus 8,22-26):

*„Sie kamen nach Betsaida. Da brachte man einen Blinden zu Jesus und bat ihn, er möge ihn berühren. Er nahm den Blinden bei der Hand, führte ihn vor das Dorf hinaus, bestrich seine Augen mit Speichel, legte ihm die Hände auf und fragte ihn: Siehst du etwas? Der Mann blickte auf und sagte: Ich sehe Menschen; denn ich sehe etwas, das wie Bäume aussieht und umhergeht. Da legte er ihm nochmals die Hände auf die Augen; nun sah der Mann deutlich. Er war wiederhergestellt und konnte alles ganz genau sehen. Jesus schickte ihn nach Hause und sagte: Geh aber nicht in das Dorf hinein!"*

• • • • • •

# Übung

1. Nimm bei einem Spaziergang für zwanzig Minuten einen Sinn wahr und schreibe im Anschluss daran auf, was du wahrgenommen und erfahren hast.

- *Beispiel:*
  Als ich die Tür öffne, schallt mir der Gesang der Vögel entgegen. Eine der Stimmen wiederholt rhythmisch einen Ton. Eine Singdrossel schmettert eine Melodie. Im Hintergrund gurren Tauben. Ich bin ganz Ohr und zugleich auch innen ...

2. Lies die Szene der Blindenheilung in Markus 8,22-26. Schreibe, was sich ereignet in einem Gedicht aus elf Worten, ein ***Elfchen***:

Ein Wort _
Zwei Worte _ _
Drei Worte _ _ _
Vier Worte _ _ _ _
Ein Wort _

- *Beispiel:*
  Augen
  öffnen sich
  tasten die Landschaft
  Blätter, schillerndes Grün, Licht
  Augensterne

# Platz für eigene Gedanken

Morgens am Schreibtisch
der Bleistift auf dem Papier
tanzt mit dem Schatten

# Mein Name

Im Supermarkt ruft jemand „Lisa!“. Ich drehe mich suchend um. In diesem Moment rennt ein kleines Mädchen an mir vorbei in Richtung ihrer Mutter, in deren Arme sie fliegt. Die Mutter ist sichtlich erleichtert. „Wo warst du, Lisa?“, entfährt es ihr. Ich realisiere, dass diese kleine Lisa gemeint war und nicht ich.

Auf unseren Namen reagieren wir sofort. Mit dem Namen verbinden wir unsere Identität. Ab dem zweiten Lebensjahr beginnen Kleinkinder sich mit ihrem Namen zu bezeichnen. „Hanna will essen“, verkündet das Nachbarkind. Bis zu unserem Lebensende reagieren wir auf unseren Namen. Die Namensgebung eines Neugeborenen ist ein bewegender Schritt. Mit der Entscheidung der Eltern wird die Basis der Identität gelegt. Es ist ein Unterschied, ob ein Junge Felix oder Alexander, ein Mädchen Yvonne oder Heidi heißt.

Auch in der Bibel gibt es eindrückliche Schilderungen von der Kraft des Namens, mit dem Menschen angesprochen werden. Maria von Magdala erkennt Jesus als den Auferstandenen in anderer Gestalt, als er ihren Namen ausspricht: *„Maria“* (Johannes 20,15). Der Prophet Jesaja tröstet (in 43,1) das Volk im Exil mit dem befreienden Wort:

*„Jetzt aber, spricht der HERR, der dich geschaffen hat, Jakob, Fürchte dich nicht, ... ich habe dich bei deinem Namen gerufen.“*

Immer wieder erhalten Menschen mit einer geschenkten Berufung von Gott oder Jesus Christus einen neuen Namen. Diese Tradition wird auch noch in vielen Orden gepflegt.

# Übung

1. Schreibe über eine Erfahrung mit deinem Namen. Welche Varianten deines Vornamens hast du erlebt und akzeptiert im Laufe deines Lebens? Spüre deine Gefühle dabei. Wie ist die Bedeutung deines Namens? Wie ist das Erbe deines Namens? Schreibe einen Brief an deine Eltern, in welchem du von den Erfahrungen mit deinem Namen erzählst!

2. Lies Jesaja 43,1 noch einmal und setze an die Stelle von Jakob deinen eigenen Namen! *„Ich habe dich bei deinem Namen gerufen ...“* Wie klingt die imaginierte Stimme Gottes in dir, wenn sie dich mit deinem Namen und diesem Zuspruch anredet? Schreibe auf, was in dir aufsteigt. Anschließend gönne dir eine stille Zeit.

- *Beispiel:*
  Deine Stimme, die mich ruft, berührt mich. Ich habe es nicht erwartet, Gott, dass du mich persönlich meinst. Was willst du mir sagen? Ich lausche. – Manchmal wünsche ich mir, dass du mir einen neuen Namen schenkst, den du für mich wählst. Vielleicht ist es der vertraute Name, der in meinem Pass steht, vielleicht ein anderer ...

# Elternhaus

Die Diele des Einfamilienhauses hat ein Fenster aus Buntglasscheiben. Durch sie fällt das Licht getönt in den Raum, in Violett, Gelb und Grau. Bei Sonnenschein tanzen Lichtflecken auf dem Boden. Vier Türen führen von der Diele aus in die Küche und Wohnräume. Über eine steile Treppe gelangt man nach oben zu den Schlafzimmern. Als Kind habe ich einmal geträumt, dass ich die Treppe wie ein Vogel emporfliegen konnte ...

Viele Erinnerungen sind mit unserem Elternhaus verbunden, ob es ein Mietshaus oder Eigenheim war, ob auf dem Land oder in der Stadt. Es enthält Geschichten unseres Lebens, Sternstunden und Tragödien. Auch wenn es inzwischen abgerissen, umgebaut oder von anderen Inhabern bewohnt wird, bleibt es unser Elternhaus. Manche Gerüche, Geräusche – wie das Knarren der Treppe auf der fünften Stufe – sind in unserem Gedächtnis gespeichert. Noch im hohen Alter, auch bei demenzkranken Menschen, meldet sich die Sehnsucht, nach Hause zu gehen. „Nach Hause" ist dabei eine Mischung aus dem konkreten Elternhaus und einem Zuhause in der Ewigkeit. Dieses beschreibt der Dichter Novalis Anfang des 18. Jahrhunderts treffend so: *„Wo gehn wir denn hin? Immer nach Hause."* (Novalis). Auch Jesus spricht in seiner ersten Abschiedsrede (Johannes 14,2) von seinem Zuhause, dem Haus seines Vaters.

*„Im Haus meines Vaters gibt es viele Wohnungen.*
*Wenn es nicht so wäre, hätte ich euch dann gesagt:*
*Ich gehe, um einen Platz für euch vorzubereiten?"*

# Übung

1. Nach einer Pause oder einem Spaziergang fange an zu schreiben, was dir spontan einfällt zu deinem Elternhaus. Wenn du in deiner Kindheit an verschiedenen Orten gelebt hast, wähle das Haus, welches dich jetzt am stärksten berührt. Beschreibe möglichst konkret! Lass dich überraschen, aus welcher Zeit deines Lebens die Eindrücke auftauchen.

2. Lies dir Jesu Abschiedsrede (Johannes 14,2) durch. Beginne einzelne Assoziationen oder Worte zu notieren. Komponiere daraus ein Gedicht oder Gebet!

- *Beispiel:*

*Haus des Vaters*
Heimat und Fremde
Sehnsuchtsort
in mir
Ich bin unterwegs
zu dir
immer
wirst du da sein?

# Mutter

Beim Aufräumen fällt mir ein altes Schwarzweißfoto in die Hand mit gezacktem Rand. Es ist eine Aufnahme von meiner Mutter als junger Frau. Ihr ganzes Gesicht ist ein einziges Lachen. Die weißen Zähne sind sichtbar. Kleine Fältchen um die Augen umrahmen ihr Lachen. Sofort höre ich sie innerlich singen, wenn sie die Treppenstufen nach oben läuft oder in der Küche hantiert. Nach und nach stellen sich weitere innere Bilder und Gesprächssequenzen ein. Puzzlesteine, die nicht zusammenpassen. Oder doch?

Kein Mensch ist uns vertrauter gewesen als unsere Mutter. Wir kennen einander vom ersten Augenblick unseres Daseins. Diese Beziehung prägt unser Leben und die Beziehungen, die wir eingehen. Auch unsere Gottesbeziehung ist davon beeinflusst. Wie wir vertrauen können, hängt mit von den ersten Lebenskontakten ab. Im Alten Testament vergleicht Gott sich selbst mit einer Mutter:

*„Wie einen Mann, den seine Mutter tröstet, tröste ich euch."*
(Jesaja 66,13)

Auch die Beziehung von Jesus zu seiner Mutter Maria wird in ihren Facetten in der Bibel beschrieben: bei der Begegnung mit dem Engel, bei der Geburt Jesu, als er als zwölfjähriger im Tempel lehrt, auf der Hochzeit zu Kana sein erstes Wunder vollbringt, bei seinem Leidens- und Sterbeweg sowie nach seinem Tod.

• • • • • •

# Übung

1. Wähle dir ein Foto deiner Mutter aus oder vergegenwärtige sie dir, wie du sie jetzt vor dir siehst. Beginne zu schreiben, was dir jetzt in den Sinn kommt. Schreibe so lange, bis es gut ist. Spüre nach, wie der Prozess des Schreibens verlaufen ist.

2. Dann lass alles los und stelle dich in das **DU** Gottes, das mütterlich für dich da ist, eine All-Liebende wie es Jesaja beschreibt. Oder nimm Kontakt auf zu Maria, der Mutter Jesu, und schreibe einen Brief an sie.

- ***Beispiel:***
  Maria, viel wurde dir angedichtet in den Jahrhunderten. Du wurdest auf Sockel gehoben, mit Weihrauch vernebelt. Und doch bist du da mit diskreter Liebe. Dein Ohr ist offen für die vielen Bedrückten und Verzweifelnden. Oft spüre ich deine Nähe wie einen Hauch, der die Seele wärmt …

# Vater

Musik ist sein Lebenselixier. Vater sitzt am Flügel und spielt. Mit festem Anschlag greift er in die Tasten. Vaters Blick geht in die Ferne. Er spielt auswendig: Chopin und Beethoven sind seine Favoriten, auch Schuberts Lieder. Ihm fühlt er sich verwandt. Am Klavier ist Vater für uns unerreichbar, als sei er in einer eigenen Welt. Auch wenn er andere Dinge tut, kann er vollkommen versunken sein darin.

Erinnerungen an unsere Väter und Mütter sind vielfältig. Die ersten und tiefsten Kontakte prägen unsere weiteren Beziehungen. In welchem Maß wir anderen und uns selbst vertrauen können, hängt auch von den Erfahrungen mit dem eigenen Vater ab. Bei manchen war diese Beziehung durch Gewalt, Übergriffe oder andere Belastungen überschattet. Fehlte ein Vater in unserem Leben, setzt sich ein Bild aus Erzählungen anderer zusammen.

Väterbilder können sich auch ändern. Das realisiere ich staunend, wenn ich die jungen Väter joggend den Kinderwagen schieben sehe. Unser Vaterbild prägt auch unser Gottesbild.

Die Bibel ist voller Schilderungen des väterlichen Gottes. Jesus spricht im Neuen Testament immer wieder von seiner Beziehung zu Gott als seinem Vater. Das bekannteste christliche Gebet ist das Vaterunser. Jesus hat es seine Jünger gelehrt. Es bringt schon in der Anrede Abba, „Papa", eine innige Vertrautheit zum Ausdruck. Auch im Gleichnis vom barmherzigen Vater (Lukas 15,1-32) veranschaulicht Jesus die Güte von Gott als Vater.

# Übung

1. Schreibe auf, was dir in diesem Moment von deinem Vater in den Sinn kommt! Manchmal können in Kleinigkeiten, Angewohnheiten, Mimik eine Erfahrung, eine Persönlichkeit präsent werden.

- *Beispiel:*
  Bevor wir zur Messe aufbrechen, holt Vater seinen Kamm aus der Hosentasche. Der Reihe nach zieht er uns Geschwistern den Scheitel gerade. Zum Schluss fährt er sich selbst durchs schüttere Haar. In der anderen Hosentasche bewahrt er ein Stofftaschentuch auf. Er hat es zu einem kleinen Viereck gefaltet …

2. Lies die Erzählung vom barmherzigen Vater durch und schreibe aus der Sicht eines der beiden Söhne (oder als Tochter phantasiert) einen fiktiven Dialog. Höre zwischendurch gut auf die Antworten!

- *Beispiel: Der ältere Sohn*
  Du hast gut reden. Immer bin ich bei dir. Was hab' ich davon? Mich packt der Zorn. Immer wird der Kleine verwöhnt und bekommt alles gratis. Du bist ungerecht. Siehst du mich? Ich merke es nicht. Dabei sehne ich mich nach deiner Aufmerksamkeit und Anerkennung …

# Kind

Du liegst auf meinem Bauch, ein vollkommenes Wesen. Ein kleines Mädchen schaut mich an und lacht – meine Tochter. Ihr Kopf ist bedeckt mit dunklen Haarsträhnen. Die Haut ist weich wie Seide. Winzige Fingerchen haben die Hände. Die Ohrmuscheln sind wahre Kunstwerke. Unser Kind, ein Wunder!

Bei jedem Kind, das ich sehe, überkommt mich ein Staunen. Erinnerungen an meine eigenen Kinder, Enkelkinder und an meine eigene Kindheit werden wach. Beim Anblick eines Kindes erfahren wir unmittelbar das Wunder des Lebens. Es ist ein Geschenk und eine große Verheißung, dieses junge Leben! Kinder rühren uns an mit ihrer Spontaneität, Direktheit und Schutzbedürftigkeit.

In der Bibel kommen immer wieder Kinder vor. Oft hat Gott mit ihnen etwas vor. Jesus wendet sich oft selbst den Kindern zu, auch gegen den Widerstand derer, welche die Kinder von ihm fernhalten wollen.

Markus schildert die Szene im Evangelium nach Markus 10,13-16. Darin stellt Jesus uns die Kinder als Vorbild dar, wie wir uns dem „Reich Gottes“, der absichtslosen Liebe, nähern können. Er nimmt die Kinder schützend in seine Arme und segnet sie. Damit segnet er auch das Kind in uns.

••••••

# Übung

1. Was löst das Thema „*Kind*“ bei dir aus? Erinnerungen an Begegnungen mit Kindern, an Spielplatz, Schule, Familie, Sehnsucht, Dankbarkeit ... Beginne an dem Punkt zu schreiben, der dich in diesem Moment bewegt!

2. Lies die Begegnung Jesu mit den Kindern durch:

*„Da brachte man Kinder zu ihm, damit er sie berühre.*
*Die Jünger aber wiesen die Leute zurecht.*
*Als Jesus das sah, wurde er unwillig und sagte zu ihnen:*
*Lasst die Kinder zu mir kommen; hindert sie nicht daran!*
*Denn solchen wie ihnen gehört das Reich Gottes.*
*Amen, ich sage euch:*
*Wer das Reich Gottes nicht so annimmt wie ein Kind,*
*der wird nicht hineinkommen.*
*Und er nahm die Kinder in seine Arme;*
*dann legte er ihnen die Hände auf und segnete sie.“*
(Markus 10,13-16)

Versetze dich in eine der vorhandenen Rollen und schreibe aus dieser Perspektive, entweder im Prosafluss oder in Gedichtform. Dann lass den Stift ruhen. Und spüre, was sich in dir bewegt an Gefühlen. Gehe in die Stille, dankend, horchend, bittend.

● *Beispiel:* (aus der Sicht der Leute)
Er hat doch Wichtigeres zu tun, als sich mit den Kindern abzugeben. Sie sind laut, sie rufen, sie springen, sie klammern sich an ihn. Wir müssen unseren Meister schützen ...

# Hände

Stoffe und Garn sind die große Leidenschaft meiner Mutter. Es ist eine heilige Zeit, wenn sie das Schnittmuster aus Zeitungspapier ausrädelt und auf dem Stoff mit Stecknadeln feststeckt. Ein paar Nadeln behält sie noch zwischen ihre Lippen gepresst. Der erste Schnitt der Schere in den Stoff hat etwas Magisches! Die Schneiderschere in Mutters Hand schleift mit einem Knarren über den Küchentisch wie ein Tier mit geöffnetem Maul. Sie legt den Umriss des Ärmels frei, streicht ihn mit der Hand glatt und faltet ihn zusammen ...

Mit unseren Händen begreifen wir das Leben. Noch bevor wir sprechen können, entdecken wir mit unseren Händen Ball, Teddy und Bauklötze. Das einfache Tun der Hände hat eine klärende Wirkung auf unseren Geist, egal ob wir nähen, Unkraut zupfen, einen Brief mit dem Füller schreiben oder Kartoffeln schälen. Mit dem zunehmenden Einzug der Technik entfernen wir uns immer mehr vom Kontakt mit der Materie und von unserem Körper. Er lässt unseren Tastsinn verkümmern.

Auch die alten Mönchsregeln wussten um den Wert der Arbeit mit den Händen, in Balance mit Gebet und Studium. Der Psalmist betet zu Gott: *„lass nicht ab vom Werk deiner Hände“*. Die Hände Gottes sind dabei der Inbegriff seines gütigen Seins und Wirkens.

Jesu Wirken ist ganzheitlich. Als Zimmermann ist er mit der Handarbeit vertraut. Er segnet Menschen und legt ihnen die Hände auf. Einmal heilt er einen Mann, dessen Hand „verdorrt“ ist. *„Seine Hand wurde wieder hergestellt“* (Markus 3,1-6). Die geheilte Hand stellt den ganzen Menschen wieder her, er kann wieder schöpferisch tätig sein.

## Übung

1. Vergegenwärtige dir Hände, die dir jetzt vors innere Auge kommen: die Hände deines Großvaters, eines Musikers bei einem Konzertbesuch, deine eigenen Hände bei einer Alltagstätigkeit wie Putzen, Gemüse schneiden ... Betrachte schreibend diese Hände!

2. Meditiere die Heilungsszene Markus 3,1-6 aus der Sicht des Geheilten.

- *Beispiel:*
  Er erzählt seiner Frau: Ich kann es noch nicht fassen. In meine leblose Hand ist das Leben eingeströmt. Die Begegnung mit dem Mann aus Nazareth hat es bewirkt. Kraft strömte ein. Ich möchte das Leben neu ertasten, über den Haarschopf meines Sohnes streichen ...

# Füße

In der Stadt treffe ich Angela. Sie trägt rot leuchtende Sandalen, die mir sofort ins Auge fallen. Ich deute auf ihre Schuhe: „Du hast tolle Schuhe an.“ „Mir gefallen sie auch sehr“, schießt es aus ihr heraus, „obschon ich sonst keine offenen Schuhe trage. Ich mag meine Füße nicht.“ Ihre Scheu, die eigenen Füße zu zeigen, ist mir vertraut. Manche Druckstellen möchte ich auch lieber verstecken.

Füße spiegeln etwas von uns wider. Mit Kraft tragen sie uns kilometerweit durchs Leben. Zugleich haben sie eine enorme Empfindsamkeit. Fachleute wissen, dass über die Fußsohle alle Regionen des Körpers zu erreichen sind. Auf unseren Füßen lernen wir uns aufzurichten, unsere ersten Schritte zu wagen und als aufrechte Menschen ins Leben zu gehen. Ein Kennzeichen des Erwachsenwerdens ist es, auf eigenen Füßen zu stehen. Das heißt selbstständig für sich sorgen zu können. Im Buch Exodus 3,5 wird berichtet, wie Gott zu Mose aus dem brennenden Dornbusch ruft:

*„Leg deine Schuhe ab; denn der Ort, wo du stehst,
ist heiliger Boden.“*

Mit bloßen Füßen soll er vor Gott stehen, ohne Schuhe, die sich zwischen ihn und den göttlichen Erfahrungsgrund stellen.

Vor dem Abschiedsmahl mit seinen Jüngern wäscht Jesus ihnen die Füße. Diese Geste war im Orient eine Geste der Gastfreundschaft. Die staubigen Füße wurden jedoch von Dienern gewaschen. Jesus vollzieht diesen Dienst der Liebe selbst (Johannes 13,3-15).

# Übung

1. Schreibe über Füße – deine eigenen oder Füße, die dir jetzt einfallen. Was verbindest du für Erfahrungen mit ihnen, zum Beispiel einen Gang durchs feuchte Gras oder durch den weichen Sand.

- ***Beispiel:***
  In einem Praktikum im Pflegeheim helfe ich den Bewohnerinnen bei den alltäglichen Verrichtungen. Ein Neunzigjähriger bittet um Hilfe beim Anziehen der Socken und Schuhe. Selbst im Hochsommer trägt er Wollsocken, denn er friert oft. Ich nehme seinen Fuß in die Hand und streiche über den Fußrücken. Er ist kalt. Die Haut fühlt sich weich an, ebenso seine Fußsohle. Ich frage mich, wie viele Länder dieser Fuß schon durchquert hat.

2. Vergegenwärtige dir die Szene der Fußwaschung beim letzten Abendmahl. Versetze dich in Petrus hinein, der ausruft: *„Du, Herr, willst mir die Füße waschen?“* (Johannes 13,6). Schreibe aus der Sicht des Petrus, der im Nachhinein die geschilderte Situation vor Augen hat.

- ***Beispiel:***
  Er gürtet sich und gießt Wasser in die Schüssel. Wir halten den Atem an, gespannt, was nun geschehen wird. Dann winkt er mir zu und deutet auf meine Füße. Sie sind sauber. Was soll das? Es sträubt sich in mir, dass unser Rabbi sich erniedrigt.
  Ich wehre mich ...

# Losgehen

Nichts geht heute. Eine Sache nach der anderen habe ich versucht, doch ich komme nicht voran. Unzufriedenheit macht sich breit. Ich kaue auf dem Bleistift herum, blättere in Büchern. Kurzentschlossen entscheide ich mich zu einem Gang ins Freie. Ich ziehe die Wanderschuhe an. Erdklümpchen kleben noch an den Sohlen von der letzten Wanderung. Mein Handy lasse ich zuhause. Schon nach ein paar Metern wird mir leichter zumute. Füße, Arme und Beine und auch das Innere kommen in Bewegung. Schritt um Schritt fühle ich mich leichter. Gehen, losgehen, in mich gehen …

Wenn wir in Bewegung kommen, bewegt sich auch in uns etwas. Außen und innen eröffnet sich eine neue Perspektive. Probleme verlieren an Gewicht. Wir kommen in Gang und merken, wie es uns geht. Ideen kommen und Erkenntnisse gehen uns auf.

Die Bibel ist voller Weggeschichten. Menschen machen sich auf den Weg und gehen los. Sie begeben sich auf den Weg, um andere aufzusuchen oder Gott zu suchen. Dabei durchqueren sie Wüsten, Steppen oder Berge wie Maria, die durch das Bergland von Judäa geht, um ihre Cousine aufzusuchen.

Jesus selbst geht von Dorf zu Dorf und lehrt, heilt und ruft zur Umkehr auf. Ebenso sendet er seine Jünger aus, es wie er zu tun. Immer wieder fordert er auch Menschen auf, wie einen Gelähmten, den er heilt:

*„Steh auf, nimm deine Liege und geh nach Hause!"*
(Markus 2,11)

• • • • • •

# Übung

1. Mache einen Gang von mindestens zwanzig Minuten allein im Schweigen. Nimm mit allen Sinnen wahr, was dir begegnet. Zugleich registriere wach, was sich in dir an Gedanken, Bildern und Gefühlen regt. Wenn du an deinen Schreibplatz zurückgekehrt bist, schreibe von deinen Erfahrungen beim Gehen. Was hat sich verändert in dir?

2. Lies die Erzählung von der Heilung des Gelähmten durch und stelle sie dir plastisch vor. Schreibe aus der Sicht des Gelähmten, der gerade Jesu Aufforderung vernommen hat.

- *Beispiel:*
  Was geht hier vor? Er mutet mir etwas zu. Und er traut mir etwas zu. Ich soll losgehen. Jahrelang habe ich gewartet und mich in mein Schicksal ergeben. Etwas Neues beginnt und ich darf mitwirken ...

# Ausruhen

Mit einem Becher Tee gehe ich heute „mit den Hühnern ins Bett". Es ist erst kurz nach 21 Uhr. Ich kuschle mich unter die Decke und lasse den Tag vorüberziehen. Die Muskeln entspannen sich und eine wohltuende Schwere durchströmt mich. Durchs geöffnete Fenster lausche ich dem Wind, der die Blätter rascheln lässt. Ich fühle mich geborgen wie in Abrahams Schoß.

Neben Bewegung und Anspannung brauchen wir Ruhe und Zeiten zum Ausruhen. Der Körper und die Seele regenerieren sich dabei. Eindrücke können verarbeitet werden, neue Kräfte geschöpft werden. Ein gesunder Abstand zum Tun und zu Begegnungen stellt sich ein. Oft vernachlässigen wir diesen Aspekt, bis Erschöpfung uns darauf hinweist.

Auch die Bibel erzählt von Menschen, die sich ausruhen: Jakob, der seinen Kopf auf einen Stein bettet und dabei im Traum die Engel auf- und niedersteigen sieht oder Jesus, der auf dem Meer mitten im Sturm schläft, zum Entsetzen seiner Jünger. Es ist ein Bild tiefen Vertrauens.

Der Evangelist Markus berichtet, wie Jesus die Apostel, die ihm von ihrem Wirken erzählen, einlädt auszuruhen (Markus 6,30-32):

*„Da sagte er zu ihnen: Kommt mit an einen einsamen Ort und ruht ein wenig aus!"*

## Übung

1. Lasse Erfahrungen in dir aufsteigen von Urlaubstagen am Meer oder in den Bergen, einem gemütlichen Sonntag oder einem Abend in Ruhe auf dem Sofa. Schreibe über die Erfahrung, die dir besonders gegenwärtig ist.

2. Lies dir die Schilderung aus dem Markusevangelium als ganze Szene durch (Markus 6,30-34). Dann beginne zu schreiben. Du kannst dabei die Ich-Perspektive einnehmen oder die Beobachterperspektive, die mehr Abstand schenkt.

- *Beispiel:*
  Sie sehen erschöpft aus. Alle reden durcheinander von ihren Erlebnissen. Jeder möchte Jesu Aufmerksamkeit. Er schaut sie an und schweigt. Tief sieht er ihren Hunger nach Ruhe. Auch sein Gesicht zeigt Spuren von Müdigkeit, unter den Augen sind Schatten. Doch zugleich scheint eine Quelle ihn innerlich neu zu stärken ...

# Krank sein, heiler werden

Die Nase läuft und mein Hals schmerzt. Sogar das Lesen ist mir zu anstrengend. Das Fieber benebelt den Kopf. Ich wälze mich hin und her im Bett. Seit ein paar Tagen geht es schon so. Auch wenn die Ruhe guttut, kann ich sie nicht genießen. Begegnungen und Termine habe ich abgesagt ...

Wenn wir krank sind, wird unser Leben unterbrochen oder beeinträchtigt durch die Krankheit. Wir leiden unter Symptomen und unter Schmerzen. Im schlimmsten Fall ist unser Leben dadurch in Gefahr. Je nach Grad der Erkrankung ist unser Alltag dadurch bestimmt. Die Schwere der Krankheit entscheidet darüber, ob wir einer Arbeit nachgehen können und wie mobil wir sind. Menschen mit chronischen Erkrankungen leben mit ihrer Krankheit. Sie wird ein Teil ihres Lebens. Zugleich können Krankheiten für uns auch Türen zu einem tieferen Mitgefühl für uns selbst und andere werden.

Die Bibel berichtet von vielen Kranken, Gelähmten, Stummen und Tauben. Sowohl körperliche als auch seelische Krankheiten werden beschrieben. Im Neuen Testament kommen die Kranken zu Jesus, um von ihm geheilt zu werden. Auch Verwandte und Freunde tragen Kranke zu ihm. Von ihm erhoffen sie sich Heilung ihrer Gebrechen. Seine Heilkraft spricht sich herum in den Dörfern und Städten. Indem er Menschen heilt, veranschaulicht er das heilende Handeln Gottes, der alles neu macht.

# Übung

1. Schreibe über eine eigene Erfahrung von Krankheit. Sei konkret dabei. Sei wach im Fluss des Schreibens, wie es verläuft und wie dabei deine Stimmung ist. Wohin führt es dich?

2. Vergegenwärtige dir die nachfolgende Heilungsgeschichte, die der Evangelist und Arzt Lukas berichtet (Lukas 4,38-39):

   *„Jesus stand auf, verließ die Synagoge und ging in das Haus des Simon. Die Schwiegermutter des Simon aber hatte hohes Fieber und sie baten ihn für sie. Er beugte sich über sie und gebot dem Fieber. Da wich es von ihr und sie stand sofort auf und diente ihnen. Als die Sonne unterging, brachten die Leute ihre Kranken, die alle möglichen Gebrechen hatten, zu Jesus. Er legte jedem von ihnen die Hände auf und heilte sie.“*

   Schreibe aus der Perspektive einer der beteiligten Personen: Schwiegermutter, Simon, Jesus, der Leute oder der Kranken. Danach gehe in die Stille und bete!

- ***Beispiel:*** (aus der Sicht der Schwiegermutter)
Plötzlich stehst du vor mir und blickst mich an. Angst fällt ab wie ein schwerer Umhang von meinen Schultern. Was machst du? Ich spüre deine Hand. Kraft strömt, wie ich sie noch nie erlebt habe ...

# Platz für eigene Gedanken

Im Blick nach oben
Wolkenberge und ein Riss
öffnen sich ins Blau

# Tür und Tor

Das Burgtor könnte die Kulisse in einem Historienfilm sein. In der Mitte der Eichentür aus Holzplanken prangt ein eiserner Türklopfer. Statt einer Türklinke gibt es ein Metallplättchen zum Heben und Senken des Riegels.

Als ich auf den Messingknopf der Klingel in der Mauer drücke, nähern sich Schritte dem Tor. Knarrend bewegt sich ein Schlüssel im Schlüsselloch. Der Riegel wird angehoben und die Tür mit einem beherzten Ruck geöffnet. Ein breites Lächeln begrüßt mich auf dem Gesicht der Pfortenschwester. Die offene Tür gewährt mir Eintritt in den Innenhof des Klosters Burg Dinklage, einer Benediktinerinnenabtei. Eine eigene Welt tut sich auf, ein Raum der Stille.

Türen verbinden Räume miteinander, verknüpfen innen und außen. Sie sind Schwellenorte. Türen führen in Häuser, Gärten, Zimmer. Haustüren sind Visitenkarten der Häuser. Gleichzeitig sind Türen auch Symbole des Übergangs, der Öffnung, dessen, was wir erträumen und wen wir erwarten. Die Adventszeit mit Liedern wie „Macht hoch die Tür" ist gefüllt davon.

Auch in der Bibel begegnen uns verschiedene Türen. Im Neuen Testament bezeichnet sich Jesus selbst so: *„Ich bin die Tür"* (Johannes 10,7). Er weist in seiner Rede jedoch auch auf andere Türen hin, die auf Irrwege führen. In der Offenbarung des Johannes taucht das Motiv der Tür immer wieder auf. Im Brief an die Gemeinde in Laodikia (Offenbarung 3,20f) kommt Gott zu Wort:

*„Siehe, ich stehe vor der Tür und klopfe an. Wenn einer meine Stimme hört und die Tür öffnet, bei dem werde ich eintreten und mit ihm Mahl halten …"*

# Übung

1. Welche Tür taucht in deiner Vorstellung auf? Es kann eine erinnerte Tür sein oder eine imaginierte Tür. Schaue sie in Ruhe an! Ist sie geöffnet, einen Spalt breit oder ganz? Ist sie verschlossen? Wohin führt sie? Lass dich schreibend auf Entdeckungsreise mitnehmen, wohin dich die Tür lockt!

   Schreibe ein ***Zevenaar*** (Sieben-Zeilen-Gedicht):

   1. Zeile: ein Platz/Ort
   2. Zeile: ein Ich-Satz mit einer Tätigkeit
   3. Zeile: ein Vergleich oder eine Frage
   4. Zeile: ein Detail aus einer der vorhergehenden Zeilen
   5. Zeile: eine Erweiterung
   6. Zeile: wie Zeile eins
   7. Zeile: wie Zeile zwei

   *Beispiel:*
   Vor dem Gartentor
   stehe ich zögernd.
   Was wird mich erwarten?
   Ein Falter fliegt über den Zaun.
   Tannenduft lockt.
   Vor dem Gartentor
   stehe ich zögernd.

2. Betrachte die Szene des wartenden Gottes vor der Tür deines Herzens. Nimm verschiedene Perspektiven ein, zum Beispiel als Beobachterin der Szene, hinter oder vor der Tür und schreibe frei oder als ein weiteres Zevenaar!

- *Beispiel:*
  Schon so lange steht Gott da, klopft mal ungeduldig, mal zart. Keine Antwort! Wie lange wird es noch gehen? Geschäftiges Treiben herrscht im Haus. Er geht auf und ab, lugt vorsichtig durchs Fenster. Aus dem Haus kommt keine Antwort…

31

# Gastfreundschaft

Vor der Haustür der Migrantenunterkunft stehen Schuhe aufgereiht. Als wir anklopfen, bittet uns ein junger Mann mit einladender Geste herein. Wir streifen die Schuhe ab und folgen ihm. Durch die geöffnete Tür gelangen wir direkt in die Küche. Sie ist notdürftig von der Kommune eingerichtet.

„Tee, tea?", fragt Vahid, ein junger Familienvater aus Syrien. Wir nicken und seine Frau Maha setzt sofort Wasser auf. Es gibt nur drei Stühle am Küchentisch, die sie uns anbieten. Weitere holen sie aus den Schlafräumen herbei. Die Söhne von Vahid und Maha betrachten uns mit wachen Augen, bevor der von uns mitgebrachte Fußball ausprobiert wird.

Kurz danach serviert Maha den frisch aufgebrühten Tee in kleinen Gläsern und reicht kleine Teigtaschen dazu, die sie selbst gebacken hat. Immer wieder fordert sie uns mit einem aufmunternden Nicken auf, zuzugreifen und packt auch eine Tüte mit den Köstlichkeiten ein für uns zum mitnehmen.

Mit Händen und Füßen entspinnt sich ein Gespräch zwischen allen Anwesenden. Über Fotos vom Smartphone lernen wir die Familien der beiden kennen, die noch in Syrien sind. Wir entdecken eine andere Welt …

Gastfreundschaft ist ein Geschenk, im Idealfall für Gäste und Gastgebende. Ein Raum wird geöffnet, die Ankommenden werden aufgenommen. Ihnen werden Zeit, eine Beköstigung und auch Unterkunft geschenkt. Zugleich erweitert sich durch die Gäste und deren Erfahrungen der Horizont der Gastgeber.

Auch in vielen Mönchsregeln hat die Gastfreunschaft eine zentrale Rolle. In der Benediktsregel zum Beispiel gibt es den Hinweis, dass Gäste wie Christus empfangen werden sollen.

Die Bibel, geprägt durch die orientalische Kultur der Gastfreundschaft, schildert verschiedene Begegnungen mit Gästen. Im Orient ist die Aufnahme von Gästen ein hohes Gut. Es wird alles aufgeboten, um es Gästen an nichts fehlen zu lassen. Abraham und Sarah bewirten drei Männer, die unerwartet auftauchen. In ihnen erkennt Abraham Gott. Diese Gäste werden für ihr weiteres Leben zum Segen (Genesis 18,1-11).

Jesus, der verkündigend in Galiläa umherzieht, nimmt immer wieder die Gastfreundschaft Anderer in Anspruch. Er kehrt bei seinen Unterstützerinnen ein wie auch bei Ausgegrenzten.

Einmal ist er bei seinen Freundinnen Martha und Maria zu Gast (Lukas 10,38-42). Martha nimmt ihn *„gastlich"* auf und ist davon *„ganz in Anspruch genommen"*, während Maria *„zu Jesu Füßen seinen Worten zuhört"*.

Zwei Facetten einer gastfreundlichen Begegnung, aus denen sich ein Konflikt und die Frage entspinnt: Welche Haltung ist die bessere?

# Übung

1. Wie sind deine Erfahrungen mit Gastfreundschaft als Gast oder Gastgeber/in? Wo hast du dich wohlgefühlt? Welche Erfahrungen ließen eher Beklemmung aufkommen? Komm damit ins Schreiben!

   Nach einer Weile versuche aus dem „Material" ein ***Haiku*** zu schreiben, ein Gedicht aus siebzehn Silben verteilt auf drei Zeilen: 5/7/5

- ***Beispiel:***
  Ankommen können/
  Keine Fragen, keine Forderungen/
  Einfach willkommen.

2. Lies die Szene von Jesus bei Martha und Maria (Lukas 10,38-42). Versetze dich in Jesus hinein und schreibe aus seiner Sicht.

- ***Beispiel:***
  Es tut gut, so empfangen zu werden. Das frisch gebackene Brot und die Oliven duften. Ich spüre meinen Hunger und Durst. Zugleich merke ich Müdigkeit, viele Menschen wollten geheilt werden. Ich erzähle von den Begegnungen. Marias Stille ist eine Wohltat …

# Brot

Meinen Proviant habe ich bis auf ein paar Butterkekse aufgezehrt. Mein Magen knurrt. Ich sitze im Zug von Avignon nach Hamburg. Mit einem Ruck kommt er zum Halten. Ein sonnengegerbtes Gesicht lugt unter einem Strohhut durch die Abteiltür. Mit einem gemurmelten Gruß stellt ein älterer Herr einen Weidenkorb ab. Ein Baguette ragt aus dem Korb heraus. „Hast du Hunger?", fragt der Alte, dessen südfranzösischer Dialekt seine Herkunft verrät. Ich nicke. Wortlos schlägt er das Tuch mit dem Karomuster zurück. Es duftet verführerisch nach Brot! Er nimmt ein Baguette, bricht mir ein Stück ab und legt es in meine Hand. Aufmunternd bedeutet er mir, zu essen. Der erste Biss ist ein Genuss. Die Kruste knirscht und das weiche Innere ist luftig …

Brot ist ein Ursymbol, das es in vielen Kulturen gibt. Butterbrote und Brotlaibe prägen unsere Mahlzeiten. Wir halten Brotzeit, essen Vesper- und Abendbrot. Lange war es Tradition, ein Brot vor dem Anschneiden mit einem Kreuzzeichen zu segnen, das in die Brotrinde geritzt wurde. In Zeiten von abgepackten Schnitten verschwand dieser Brauch.

In den Evangelien bezeichnet sich Jesus selber als Brot, das uns das Lebensnotwendige schenkt. Durch ihn wird unser Hunger gestillt. In der Eucharistie feiert die Katholische Kirche Jesu Gegenwart im gewandelten Brot als tiefstes Geheimnis der Verbundenheit mit ihm und untereinander. An anderer Stelle fordert Jesus seine Jünger auf, die vorhandenen fünf Brote an eine große Menschenmenge auszuteilen, die wundersam für alle reichen. Im Kontakt mit ihm und unserem Zutun wird der Hunger vieler gestillt (Markus 6,35-42).

# Übung

1. Schreibe eine Erfahrung auf, die du mit Brot verbindest. Das kann das Pausenbrot sein, das du deinen Kindern bereitest oder die Brotzeit auf einer Wanderung. Es kann eine Erfahrung von Hunger nach Brot sein oder das Backen eines Brotes. Schreibe mit allen Sinnen!

   Probiere nach einer Zeit der Stille oder am nächsten Tag noch einmal eine Annäherung an das Thema ***Brot*** in Gedicht aus elf Worten, einem ***Elfchen*** (1/2/3/4/1 Worte).

- **Beispiel:**
  Brot/
  Eine Scheibe/
  mit Butter beschmiert,/
  Sättigung, Werdegang des Kornes,/
  Geschenk.

2. Wenn du dich der Erfahrung von Brot so angenähert hast, lies in Ruhe das Evangelium nach Markus 6,35-42. Lass dich davon schreibend inspirieren! Schreibe aus der Perspektive eines der Anwesenden, die Brot austeilen oder empfangen.

- **Beispiel:**
  Er scheint ein Träumer zu sein, der predigt und nicht an die lebenspraktischen Dinge denkt. So viele Leute. Es wird schon Abend. Sie werden murren, wenn der Hunger kommt. Das kann Ärger geben. Und nun fordert er uns auf, nachzuschauen, was da ist und dann das Wenige auszuteilen. Er wird sehen, wohin das führt. Mir ist unbehaglich ...

# Wein

Im Nachbarort von uns gibt es eine Weinhandlung. Von außen eher unscheinbar, hat sie eine Vielfalt an Weinen zu bieten. Der Inhaber hat auf einem Weingut eine Lehre absolviert und kennt viele Weinbauern persönlich, die ihn beliefern. Vor unserer Silberhochzeit wählen wir bei ihm Weine aus. Er fragt nach dem Menü und holt dann verschiedene Weine zum Probieren. Zu jedem Wein gibt es eine kleine Geschichte, wie von einem jungen Team in der Provence, das mit alten Reben neue Kompositionen kreiert ... Zuerst zeigt er die Farbe im Glas und lässt uns schnuppern. Dann lädt er ein zum ersten Schluck. Die Vorfreude auf unser Fest steigt ...

Weinanbau ist eine alte Kultur. Mit Sorgfalt werden die Reben gehegt und gepflegt sowie nach der Lese gekeltert. Wein ist Sinnbild für das Schöne im Leben, das frei von Nutzen ist. Er ist ein Inbegriff der Lebensfreude. Zugleich steht Wein auch für Wandlung. Vom Anbau der Reben, der Ernte, dem Keltern und der Gärung der Früchte bis zum Wein geschieht ein Wandlungsprozess. In vielen Kulturen gibt es Weinkulte. In der christlichen Tradition identifiziert sich Jesus selbst mit dem Wein. Im Abendmahl vergegenwärtigen Christen Jesu Anwesenheit in Brot und Wein, der zum Zeichen seines vergossenen Blutes wird. In der Wandlung wird der Wein, der selbst schon ein Bild der Wandlung ist, so nochmal gewandelt.

Im Johannesevangelium bezeichnet Jesus sich selbst als Weinstock. Das erste Wunder, das Jesus im Johannesevangelium (Johannes 2,1-12) wirkt, ist die Verwandlung von Wasser zu Wein.

• • • • • •

# Übung

1. Schreibe eine Erfahrung mit Wein auf: Die Teilnahme an einer Weinprobe, ein gelungenes Fest, einen Sommerabend mit einem schönen Rosé auf der Terrasse, dein Lieblingswein ...

   Du kannst dabei aus der Ich-Perspektive schreiben und die Nähe und Ferne selbst auswählen. Vielleicht beobachtest du einen Weinliebhaber, genießt selbst einen guten Tropfen oder du gehst durch einen Weinberg ...

2. Betrachte die Erzählung der Hochzeit zu Kana, Johannes 2,1-12. Schreibe aus der Sicht einer der Gäste. Beginne an der Stelle der Erzählung, die dich persönlich anspricht. Was löst es in dir aus? Lass deine Assoziationen in dein Schreiben fließen und in die anschließende Zeit des Nachklangs!

● *Beispiel:*

Etwas ist passiert hier. Ich habe die betretenen Gesichter gesehen. Die Feststimmung drohte umzukippen, als der Wein knapp wurde. Es gab Gemurmel. Plötzlich wandte sich Maria, die Mutter Jesu, an ihn. Ihm schien das nicht zu passen, doch schließlich stand er auf mit einer Ruhe wie das Meer nach dem Sturm. Alles war anders, wie verwandelt.

Manchmal sehne ich mich auch nach Menschen wie Maria, die eingreifen und den Mangel sehen. Sie zeigen uns, woher Hilfe kommen kann. Dann kann unser Leben wieder ein Fest werden.

# Wasser

Eine Wanderung in den Bergen. Schon von Weitem höre ich den Bach glucksen. Über die Steine plätschert das Wasser und bildet ein Waschbrettmuster auf der Oberfläche. Die Geschwindigkeit des Stroms verstärkt sich am Abhang. Der Anblick des fließenden Elixiers fasziniert mich. In jedem Augenblick sieht es anders aus.

Wir brauchen Wasser zum Leben. Unser Körper besteht zum größten Teil daraus. Es kann eine Lust sein, mit Wasser in Berührung zu kommen, wie beim Schwimmen, einem heißen Wannenbad, als erfrischender Trunk in der Hitze. Die zunehmende Dürre der klimabedingten heißen Sommer weckt ein neues Bewusstsein für den Wert des Wassers. In vielen Ländern ist der Zugang zum Wasser eine Frage des Überlebens.

Wasser ist in vielen Religionen und Ritualen ein spiritueller Türöffner. Es gibt verschiedenste Rituale der Reinigung, wie rituelle Waschungen vor dem Gebet. In der christlichen Taufe wird der Täufling ins Wasser getaucht als Zeichen des neuen Lebens in der Verbindung mit Gott, dem Wasser des Lebens.

Jesus führt einmal ein Gespräch mit einer Frau am Jakobsbrunnen, in dem es um verschiedene Dimensionen des Wassers geht. Er bittet die Frau zunächst um einen Schluck Wasser, denn er hat kein Schöpfgefäß dabei. Sie ist erstaunt, dass er sie als Frau und als Samariterin anspricht und um etwas bittet. Ein theologisches Gespräch entfaltet sich zwischen den beiden. In diesem Dialog verspricht er ihr:

*„vielmehr wird das Wasser, das ich ihm gebe,*
*in ihm zu einer Quelle werden“* (Johannes 4,14).

# Übung

1. Schreibe über eine Erfahrung mit Wasser, die dir einfällt. Versuche möglichst plastisch zu beschreiben, was du siehst, hörst, fühlst, riechst, schmeckst. Das hilft, in das innere Bild zu gelangen. Vielleicht hast du Freude daran, eine Schale mit Wasser aufzustellen und deine Hände hineinzutauchen. Oder du gehst zu einem Gewässer in deiner Nähe!

2. Lies dir die Begegnung von Jesus und der Frau am Jakobsbrunnen durch in Johannes 4,5-42. Welche Sätze sprechen dich besonders an? Verweile etwas dort. Nimm einen dieser Sätze oder ein Wort und beginne damit zu schreiben.

- ***Beispiel:***

*„vielmehr wird das Wasser, das ich ihm gebe,*
*in ihm zu einer Quelle werden,*
*deren Wasser ins ewige Leben fließt.“*
(Johannes 4,14)

Jesus, deine Worte haben mich neugierig gemacht. Mit einem Mal erkenne ich meinen Durst, der durch keinen Menschen und kein Ding zu stillen ist. Deine Worte haben die Krusten meiner Seele durchtränkt. In mir beginnt leise etwas zu fließen, wonach ich mich lange gesehnt habe ...

# Baum

Mit der Hand streiche ich über die Rinde. Sie ist von Rissen durchfurcht. Über mir wölbt sich ein Dach aus grünen Blättern, durch die das Sonnenlicht schimmert. Die Linde, zu der es mich immer wieder hinzieht, steht im Stadtpark. Im Spätsommer baumeln hellgelbe Schiffchen an den Zweigen und ein süßer Duft begrüßt mich schon von Weitem. Ein paar Wochen später sammle ich sie vom Boden auf als Teevorrat für den Winter ...

Bäume können uns zu Gefährten werden. Wer ihnen Beachtung schenkt, entdeckt die Vielfalt ihrer Persönlichkeiten. Ein Baum kann einem Garten oder einem Stadtteil Ausstrahlung und Charakter verleihen. Bäume ähneln mit ihrem Stamm, ihrer Krone und den Wurzeln uns Menschen. Ihre Nähe zum Boden und ihre Ausrichtung nach oben sind uns verwandt.

Auch die Bibel erwähnt eine Vielzahl von Bäumen. Im Paradiesgarten wächst der Baum der Erkenntnis. Die Offenbarung des Johannes spricht vom Baum des Lebens am Ende der Zeiten. Diese beiden Bäume rahmen die biblische Baumreihe ein. Im Psalm 1 vergleicht der Psalmist den Menschen, der „rechtschaffen" lebt, mit einem Baum: *„Er ist wie ein Baum, gepflanzt an Bäche voll Wasser."*

Oft wird ein Baum erwähnt, wenn Bedeutsames passiert: die Eiche von Mamre, der Maulbeerbaum, auf den Zachäus klettert ... Auch in der Begegnung von Jesus und Natanaël wird ein Baum genannt, der Feigenbaum (Johannes 1,43-51). Auf die Frage des Philippus, woher dieser ihn kenne, antwortet Jesus:

*„Schon bevor dich Philippus rief,*
*habe ich dich unter dem Feigenbaum gesehen."*

# Übung

1. Suche einen Baum auf und komme mit ihm in Kontakt. Betrachte ihn, streiche über die Rinde und trete mit ihm in einen Dialog. Höre, was dieser Baum dir zu sagen hat. Im Anschluss schreibe!

- *Beispiel:*
  Du darfst ausruhen bei mir. Ich berge dich. Meine Wurzeln sind tief. Von da strömt die Kraft. Ich liebe das Licht. Strecke deine Wurzeln in den Grund des Lebens. Lass alle Anstrengung. Der Regen fällt, das Sonnenlicht strömt ...

2. Lies die Erzählung der Begegnung von Natanaël und Jesus durch, am besten laut (Johannes 1,43-51). Schreibe aus der Perspektive von Jesus, von Natanaël oder einem der anderen Jünger, die die Szene betrachten. Gönne dir Stille nach dem Schreiben!

- *Beispiel:*
  Jesus: „Da steht er. Ich betrachte ihn im Schatten des Feigenbaumes. Eine Schattengestalt voller Sehnsucht. Süß duften die Feigen über ihm, doch er bemerkt sie nicht. Er sucht. Dabei ist alles da. Grenzenlose Fruchtbarkeit wächst aus dem Blick meiner Güte ..."

# Garten

Königsblau leuchten die Hortensien im Garten. Im Nachbarbeet schauen mich die Goldaugen mit ihren funkelnden Blüten an. Sie blühen unterm Rosenstrauch, der sich nach dem Regen herabneigt. Der Garten ist ein erweiterter Lebensraum für unsere Familie. Blickgeschützt durch Sträucher und Hecken beschenkt er uns mit seiner Schönheit, die je nach Jahreszeit für Überraschungen sorgt.

Garten – ein geschützter Bereich, eingefriedet als Bauerngarten, Nutzgarten oder Ziergarten, für manche Zeitgenossen auch Repräsentationsobjekt. Oft ist er ein Raum intimer Begegnungen mit Freundinnen und Freunden oder der Familie. Wir erleben dort Verbundenheit mit der Natur, mit dem Schöpfer und seinen Geschöpfen.

Der biblische Garten Eden ist der Inbegriff einer heilen Welt, wo zunächst alles da ist. Er wird im ersten Buch der Bibel Genesis 2,8 beschrieben. Gott zeigt sich Adam und Eva in verschwendender Fülle als Schöpfer des Gartens mit einer Vielzahl von Bäumen voll köstlicher Früchte. Er gibt den beiden diesen Garten als Wohnsitz.

Der Garten Gethsemane (Lukas 32) dagegen ist der Ort der Gottesferne, an dem Jesu Leidensweg beginnt. Hierhin zieht er sich im Kreis seiner Jünger zunächst zurück. In der Nacht hält er dort *„zu Tode betrübt“* Zwiesprache mit Gott.

# Übung

1. Halte inne oder suche einen Platz in einem Garten auf, um dort zu schreiben und zu meditieren! Oder lass in dir eine Erinnerung an einen Garten aufsteigen: Es kann der Garten deiner Großeltern sein, ein Schrebergarten, der Botanische Garten, den du gerne aufsuchst oder ein Garten, den du auf einer Reise entdeckt hast.

   Wie sieht der Garten aus? Was siehst du, hörst du, riechst du? Wie ist das Licht? Was löst der Garten in dir aus? Beginne zu schreiben! Dann unterstreiche die Worte und Sätze, die viel Energie haben und mache daraus einen zweiten Schreibversuch.

- *Beispiel:*

Ein kleines Nest in der Provence; Klatschmohn leuchtet und die Weiden wispern mit ihren silbrigen Blättern. Es ist ein Ort, wo ich nach einer arbeitsreichen Zeit das Lauschen wieder lerne.

Der Sternenhimmel stellt den besten Fernsehabend in den Schatten. Er ist das Geschenk dieses Sommers, dessen Wärme ich im Herzen speichere wie eine der Eidechsen auf den aufgeschichteten Steinmauern.

***Einfach da sein.***
Lauschend, die Erde spüren.
Unter einer Weide mich betten,
den Himmel als Sternenzelt
darüber gespannt
Er birgt uns wie ein Mantel aus Licht.
Alles schmeckt nach Dank.

2. Eine biblische Gartenszene. Vergegenwärtige dir die Szene im Garten Gethsemane. Setze dich in der Vorstellung zu Jesus. Schreibe, was du siehst, wie du ihn in diesem Garten wahrnimmst!

● *Beispiel:*
Heute ist der Himmel sternenlos. Es ist finster. Das Zirpen der Zikaden ist zu hören, leise Stimmen in der Ferne. Umrisse der Pinien zeichnen sich ab im Graudunkel. Ich weiß, dass **ER** unter der großen Eiche kniet; sein Umriss ist als Schatten zu sehen. Sein Atem geht schwer und macht sein inneres Ringen hörbar ...

# Gärtner

In den Abendstunden und am Wochenende steht sie im Garten. Tag um Tag hackt die Nachbarin ihre Beete und lockert die Erde. Pflanzen werden gesetzt, umgepflanzt, geschnitten, abgedeckt, braune Blätter entfernt. Blumenzwiebeln werden gesteckt und nach der Blüte wieder ausgegraben. Am Sonntag geht sie mit zufriedenem Blick durch den Garten. Ihm gilt eine große Liebe.

Gärtnerinnen und Gärtner leben in Verbundenheit mit ihrem Garten. Auf diesem Fleck Erde bringen sie ihre Erfahrung, Wissen und Intuition ein. Diese sind gepaart mit Einsatzbereitschaft und Fleiß. Sie sind beseelt von der Liebe zur Natur, dem Kontakt zum Werden und Vergehen im Kreislauf der Jahreszeiten. Jedoch gibt es auch andere Gärtner, die ihre Arbeit ohne Liebe verrichten. Sie schneiden alles auf Einheitshöhe, machen kurzen Prozess mit Pflanzen, wenn der gewünschte Erfolg fehlt. Schnelligkeit und optimaler Ertrag sind die Maßschnur.

Ein Garten sagt etwas über seinen Gärtner. Teresa von Ávila warnt in diesem Zusammenhang vor geistlichen Führern, die mit ihren großen Füßen in unseren „Seelengärten" herumtrampeln. In der Kunst wird Christus manchmal als Seelengärtner dargestellt, inspiriert durch die Begegnung von Maria Magdalena mit dem Auferstandenen (Johannes 20f).

Die Bibel schildert Gott häufig im Bild des Gärtners, Bauern oder Weinbergbesitzers, der in Beziehung zu seinem Garten steht. Er übt Geduld und hat Hoffnung für sein Ackerland. Auch Jesus benutzt in seinen Gleichnissen das Bild von einem Weinbergbesitzer.

Im Lukasevangelium 13,6-9 erzählt er von diesem Weinbergbesitzer: Der Feigenbaum, den er gepflanzt und gehegt hat, bringt nach drei Jahren immer noch keine Frucht. Sein Arbeiter will ihn umhauen. Soll er ihm zustimmen oder dem Baum noch eine Chance geben?

●●●●●●

## Übung

1. Beschreibe Erfahrungen oder Phantasien als Gärtnerin oder Gärtner, die du gemacht hast im Garten, auf dem Balkon oder die du miterlebt hast: die Freude am Säen, die Mühe der Pflege, den Duft von Erde, von Blüten, die Schädlinge ...

2. Lies dir das Gleichnis vom Weinbergbesitzer und seinem Feigenbaum durch. Schaue auf ihn und beschreibe genau, was du wahrnimmst, siehst und hörst!

- *Beispiel:*
  Sein Gesicht ist sonnengegerbt. Als wir gemeinsam durch den Garten gehen, leuchtet es aus ihm. Seine rissigen Hände streichen über die Blätter und über den Stamm. Mit einem Händeklatschen verscheucht er die Elstern. Es spricht Liebe und Nüchternheit aus seinem Blick ...

# Früchte

Das ganze Haus duftet nach Marmelade. Es ist Sommer, Ende Juni. Wir haben Eimer voller roter und schwarzer Johannisbeeren gepflückt. Die prallen Früchte sind süß von der Sonne. Jeden Tag reifen weitere heran. Erntezeit. Die Sträucher tragen und tragen. Keiner weiß, woran es liegt. Mutter hat im Herbst Kuhmist an die Wurzeln aufgetragen. Doch daran allein kann es nicht liegen. Die polnische Nachbarin sagt „aus Schöpfers Hand, dem Allmächtigen, sie wachsen".

Früchte aus Feld und Garten ernähren und erfreuen uns. Ein rotwangiger Apfel lässt uns das Wasser im Mund zusammenlaufen. Auch in Zeiten von Kunstdünger und Gentechnik ist eine reiche Ernte nicht garantiert. Die Pflanzen, Bäume und Sträucher sind neben menschlicher Arbeit abhängig von der Beschaffenheit des Bodens, von Sonne und Regen wie von Insekten, die sie bestäuben. Die Dürre- und Flutkatastrophen der jüngsten Zeit führen uns das deutlich vor Augen.

Auch in der Bibel ist vielfach die Rede von Früchten und von Ernte. Im Johannesevangelium (15f) vergleicht Jesus sich selbst mit einem Weinstock und uns Menschen mit Reben, die aus der Verbindung mit ihm und seinem Wort Frucht bringen. Immer wieder verwendet er das Wort „bleiben", um die Festigkeit der Beziehung zu ihm und von ihm zu uns zu unterstreichen, aus der heraus wir Früchte hervorbringen können:

*„wie die Rebe aus sich keine Frucht bringen kann,*
*sondern nur, wenn sie am Weinstock bleibt, so auch ihr,*
*wenn ihr nicht in mir bleibt."* (Johannes 15,4)

# Übung

1. Schreibe über eine Frucht, die du gerne verzehrst. Wo hast du sie gefunden? Beschreibe genau die äußeren Umstände! Ein Gang auf den Wochenmarkt, ein Einkauf im Supermarkt, eine Frucht, die du selbst im Garten oder auf dem Balkon geerntet hast ...

2. Lies dir die Rede vom Weinstock in Johannes 15 durch. Lasse dich direkt ansprechen und höre, was Jesus dir sagt! Was lösen seine Worte in dir aus? Schreibe Verben auf, die du im Text findest und beginne von einem Verb ausgehend, das dich berührt, zu schreiben!

- *Beispiel:*

bleiben, reinigen, bitten, Frucht bringen, tun, Gebote halten, sammeln, trennen, lieben, wissen

***bitten***

Du lädst mich ein, zu bitten, Jesus. Es braucht Vertrauen und Augenhöhe. Die erfahre ich in deiner Rede. Du nennst mich Freundin, das berührt mein Herz. Es macht mich frei, zu bitten und zu handeln ...

# Platz für eigene Gedanken

Bedeckter Himmel
hinter den Wolken den Glanz
der Sterne wissen

# Loslassen

Mein Klavier aus Eschenholz sieht edel aus. Sein Klang passt zum Äußeren, doch es erklingt nur selten. Ich improvisiere nur ab und an darauf. Mangels Übung ist es ein getrübtes Vergnügen. Es steht nur da – ein ungenutztes Möbelstück. Als ich mir das eingestehe, entschließe ich mich, es unserem Sohn zu schenken, der viel Musik macht. Schnell ist die Entscheidung in die Tat umgesetzt. Ein Möbeltransport bringt das Klavier zu ihm. Ein leerer Raum entsteht in meinem Zimmer. Er ist Anstoß für Veränderung. Ich rücke Möbel, ein neuer Blick aus dem Fenster schenkt sich.

Loslassen. Wenn wir unfreiwillig etwas loslassen müssen, kann das schmerzhaft sein und Trauer und Ängste auslösen. Etwas Vertrautes verschwindet aus unserem Leben. Diese Gefühle können auch bei selbst gewählten Abschieden auftreten. Zugleich kann es befreiend sein, Dinge, Situationen, Gefühle, Vorhaben zu verabschieden. Auch Beziehungen können dazu gehören. Erst beim Abschied merken wir, wieviel Energie sie binden. Raum für Wesentliches öffnet sich. Überraschendes kann entstehen und eine neue Stimmigkeit stellt sich ein.

In den Seligpreisungen im Neuen Testament werden die Armen seliggepriesen. Sie haben keinen Besitz, sondern sind angewiesen auf die Güte Gottes und die Fürsorge ihrer Mitmenschen. Die Erzählung vom reichen Jüngling, der Jesus begegnet, veranschaulicht die Wirkmacht des Besitzes und beschreibt die Hürde des Loslassens. Es scheint einer Vergewisserung der gottgeschenkten Fülle zu bedürfen, uns ganz auf Gott zu verlassen und vermeintliche Sicherheiten aufzugeben (Markus 10,17-31).

# Übung

1. Spüre, ob in dir ein leiser Wunsch ist, dich von etwas zu trennen, zum Beispiel von Utensilien, die du nicht mehr nutzt, Situationen, die unfrei machen, ein Selbstbild oder anderes. Nimm dir Zeit aufzuschreiben, was dir jetzt in den Sinn kommt. Spüre auch deine Gefühle beim Aufschreiben. Das Schreiben ist der erste Schritt zum Handeln. Lass dich führen vom Geist Gottes bei dieser Übung!

2. Lies die Erzählung vom sogenannten reichen Jüngling (Markus 10,17-31). Schreibe aus der Sicht von Jesus nach der Begegnung.

- *Beispiel:*

  Ich sah ihn auf mich zukommen. Er hatte es eilig, mich zu treffen. Einer, der vorankommen will. Einer, der etwas leistet für das Himmelreich. Nun wollte er mehr. Doch er mochte nicht aufs Ganze gehen und merkte es nicht. Noch kannte er nicht den Schatz, der im Vertrauen auf Gott liegt, der uns alles schenkt, was wir brauchen – seine Liebe. Der junge Mann rührte mich an. Würde er es begreifen oder nur eine neue Forderung hören?

# Trauer

Unterwegs auf der A1 döse ich auf dem Beifahrersitz. Das Klingeln meines Handys lässt mich hochschrecken. Mein jüngerer Bruder meldet sich, seine Stimme klingt leiser als sonst. Auf meine Frage „Was gibt's?" entsteht eine Pause. „Ich habe schlechte Nachrichten, es geht um unseren Bruder." Schluchzen kommt durch die Leitung. – „Er ist heute um elf Uhr gestorben. Es kam für die Ärzte überraschend." Die Nachricht ist wie ein Keulenschlag. Mein Herz rast. Wir verabreden, wegen des Autolärms später weiterzusprechen. Mein Mann legt mir die Hand aufs Knie. Tränen rinnen über mein Gesicht. Ein Strom, der bis nach Hause nicht zum Stillstand kommt.

Trauer setzt alles Bisherige außer Kraft. Sie ist ein Ausnahmezustand, in dem Traurigkeit, Wut und Schmerz abwechseln – ein Wechselbad der Gefühle. All diese Gefühle benötigen ihren Raum. Es braucht Zeit, bis die Trauer ihren Platz in unserem Leben einnimmt. Erst dann gesellt sich die Dankbarkeit dazu, über das, was uns kostbar war und jetzt nicht mehr da ist.

Die Bibel beschreibt die Trauer im Exil über den Verlust der Heimat in Psalm 137:

*„An den Strömen Babels, da saßen wir und weinten,*
*wenn wir Zions gedachten."*

Das Trostbuch des Jeremia schreibt:

*„Rahel weint um ihre Kinder*
*und will sich nicht trösten lassen."*
(Jeremia 31,15)

Auch Jesus vergießt Tränen über den Tod seines Freundes Lazarus (Johannes 11, 35f):

*„Da weinte Jesus.
Die Juden sagten: Seht, wie lieb er ihn hatte!"*

Und im letzten Buch der Bibel (Offenbarung 21,3) wird all die Trauer und Klage in den Trost Gottes gestellt:

*„und er, Gott, wird bei ihnen sein. Er wird alle Tränen von ihren Augen abwischen: Der Tod wird nicht mehr sein, keine Trauer, keine Klage, keine Mühsal."*

## Übung

1. Gehe in deinem Tempo in deine Erinnerung zu einer Phase der Trauer. Es kann die Trauer um einen geliebten Menschen sein, um den Verlust einer Arbeitsstelle, einer Wohnung oder etwas anderes. Um Abstand zu wahren, schreibe in der Vergangenheitsform und/oder aus der Beobachtungsperspektive.

- *Beispiel:*
  Sie empfand zunächst Leere, immer wieder starrte sie auf den leeren Stuhl. Immer noch stellte sie sich vor, dass er gleich durch die Tür hereinkäme. Doch er kam nicht ...

2. Lies die Bibelerzählung (Johannes 11,28-46) von Jesus, der Marta und Maria aufsucht, die um ihren Bruder Lazarus trauern. Blicke auf die Szene aus der Perspektive eines der Umstehenden und begib dich innerlich hinein. Schreibe aus dieser Erfahrung!

- *Beispiel:*

  Maria kommt aus dem Haus, wo die klagende Trauergemeinde versammelt ist. Ihre Augen sind verweint. „Sicherlich will sie zum Grab", flüstert einer der Anwesenden. Mit Blicken verständigen sie sich und folgen ihr. Das sind sie ihr schuldig. Sie ist eine von ihnen, auch wenn sie mit dem Rabbi befreundet ist. Plötzlich steht er, dieser Jesus, vor ihr. Zwei Augenpaare treffen sich. Maria fällt ihm zu Füßen. Sie weint und klagt: „Warum warst du nicht da?" Immer wieder kullern ihr Tränen über das Gesicht. Jesus ist bewegt. Marias Schmerz erschüttert ihn. Auch er weint ...

# Im Morgengrauen

Gegen vier Uhr erwache ich. Vor dem geöffneten Fenster höre ich ein Rascheln in den Zweigen. Leise beginnt eine Amsel mit ein paar Tönen ihren Gesang. Andere Stimmen kommen dazu. Meine Gedanken beginnen zu wandern. Wunderliche Ängste tauchen auf. Alte Geschichten melden sich zu Wort. Als sei ein Dämon ins Zimmer geschlichen ...

Morgengrauen. Das Dunkel der Nacht geht ins Graue über. Noch ist es nicht taghell. Grau ist im Leben wie auch in der Kunst die Farbe der Wandlung, die Neues zum Vorschein bringen kann. Es ist die Zeit des Übergangs, auch vom Schlaf ins Wachsein. In dieser Zeit sind wir besonders verwundbar und empfänglich. Ängste werden lauter in dieser Tageszeit; aber auch ungewöhnliche Einfälle und Erkenntnisse können uns zufallen. Das Unterbewusste aus Schlaf und Traum ist noch aktiviert, stärker als der Verstand und das Wachbewusstsein.

Auch die Bibel berichtet von Erfahrungen dieser Tageszeit. Menschen machen sich auf den Weg und ihr Unterwegssein hat etwas Geheimnisvolles.

Von den Frauen in der Gefährtenschaft Jesu wird berichtet, dass sie *„in aller Frühe“* (Markus 16,2) zum Grab gehen, um den gestorbenen Freund, Sohn und Meister zu salben. Sie nutzen den Schutz des Halbdunkels, um den Toten zu ehren. Dort werden sie zu ersten Zeuginnen der Auferstehung.

Eine weitere Erzählung berichtet von der geheimnisvollen Begegnung mit dem Auferstandenen am See. (Johannes 21,4): *„Als es schon morgen wurde“*, erblicken ihn die Jünger am Ufer. Sie kehren gerade mit leeren Netzen vom Fischen zurück. Auf sein Wort hin fahren sie noch einmal und werfen das Netz *„auf der rechten Seite“* aus. Sie vollziehen eine neue Perspektive, die sich aus dem Dialog mit dem Auferstandenen auftut.

● ● ● ● ● ●

## Übung

1. Erinnere dich an eine Erfahrung im Morgengrauen, die du gemacht hast. Schreibe in der Gegenwart, auch assoziativ, was dir einfällt. Bist du auf gewesen oder hast du im Bett gelegen? Schreibe ungeordnet, wie es auch oft im Innern im Morgengrauen ist: Traumfetzen, Eindrücke im Dämmerlicht, Geräusche, Stille vor „Tau und Tag“. Lass ein Gedicht entstehen daraus.

2. Wähle eine der genannten Bibelerzählungen aus und lies sie mit Neugier durch. Schreibe aus der Sicht einer der Beteiligten.

● *Beispiel:* (zu Johannes 21,4)
Ich sehe dich stehen am Ufer im Dämmerlicht des Morgens. Die Sonne geht langsam auf über dem Wasser. Es ist noch still, nur das Plätschern der Wellen am Boot ist zu hören. Wir sind verdrossen nach Stunden vergeblicher Mühe. Dann stellst du uns Fragen nach unserem Fischfang und schickst uns nochmal hinaus. Zuerst bin ich wütend! Meinst du alles zu wissen? Und doch keimt Vertrauen ...

# Zur Nacht

Der Tisch und die Bücherregale spiegeln sich in den Fensterscheiben. Durchs gekippte Fenster dringt der abebbende Verkehrslärm der nahen Schnellstraße ins Zimmer. Ein Tag voller Eindrücke liegt hinter mir. Gespräche, Gesichter, Gänge zur Arbeit, zur Post, ... Alles fällt ab von mir. Ich nehme ein paar Atemzüge und spüre den Wunsch, im Schutz der beginnenden Nacht noch einmal mit mir und mit Gott in Kontakt zu kommen. Abendsegen. Mich behütet wissen. Die Kontrolle aufgeben. An der Schwelle vom Tag zur Nacht lasse ich meine Seele ihre Flügel ausspannen.

Die anbrechende Nacht hat ihre eigene Farbe und Stimmung. Es wird stiller. Das Tagesgeschäft ruht für viele Menschen. Wir ziehen uns ins Private zurück, in den Wintermonaten vor allem in unsere Häuser und Wohnungen. Die Dunkelheit kann uns Geborgenheit schenken oder ängstigen. In der Nacht haben wir weniger Kontrolle über das, was sich nun unseren Blicken entzieht. Sie macht uns damit auch empfänglich für das, wovon auch das Lied „der Mond ist aufgegangen" des Dichters Matthias Claudius erzählt: „seht ihr den Mond dort stehen, er ist nur halb zu sehen und ist doch rund und schön. So sind gar viele Sachen, die wir getrost belachen, weil unsere Augen sie nicht sehen".

Mit vielen Abend- und Nachtliedern wie auch mit Ritualen begleiten wir unsere Kinder in die Nacht, damit sie entspannt einschlafen können.

In der Tageszeitenliturgie der Kirche gibt es die Komplet und die Vigil, die uns in die Nacht und durch die Nacht begleiten. In den darin eingewobenen Gebeten und Gesängen stellen sich die Betenden in Gottes Schutz für die Nacht. Sie empfangen den Segen zur Nacht. Diese Rituale haben eine besondere Innigkeit.

In der Heiligen Schrift berichtet der Evangelist Johannes von Nikodemus, einem Pharisäer aus dem Rat, der Jesus bei Nacht aufsucht. Im Schutz der Nacht stellt er die Fragen, die ihn tief beschäftigen (Johannes 3,1f). Jesus erklärt ihm im vertraulichen Gespräch zu zweit, was es heißt *„von oben geboren zu werden"*, aus dem Geist. Und von den Hirten, die Nachtwache halten, erzählt der Evangelist Lukas (2,8f), dass ihnen der Engel die Geburt von Jesus verkündet.

• • • • • •

## Übung

1. Was verbindest du mit dem Nachtbeginn?
   Schreibe Stichworte auf und lass dich überraschen, zu welcher Facette sie dich führen! Wähle den Aspekt, der dich jetzt berührt und beginne von diesem Wort ausgehend zu schreiben.

- ***Beispiel:* Nachtbeginn**
  Dunkel, Kerzenlicht, Vorlesen, Schlaflied, allein im Haus, Sterne, Stille, mit Freunden nachts, Geborgenheit, Angst, Bettlektüre

**Vorlesen:**
Die gemeinsame Vorlesestunde ist ein Fest. Aus dem dicken Märchenbuch lesen ihre Eltern ihnen ab-

wechselnd jeden Abend vor. Die beiden Brüder kuscheln sich im Bett aneinander. Sie sind vollkommen entspannt. Es ist warm und die vertraute Stimme ihrer Mutter, die Geschichte und das Miteinander tun gut. Sie können die Augen schließen und zuhören oder sich mit geöffneten Augen den inneren Bildern überlassen. Nach dem Abendgebet schaltet ihre Mutter das Licht aus. Es ist dunkel. Die beiden Jungs reden noch, flüsternd. Schläfst du schon? Mmh.
Dann ist es still.

2. Lies dir die Nachtbegegnung von Nikodemus durch (Johannes 3,1). Nimm neben dem Inhalt auch die Stimmung der Erzählung auf. Begib dich im inneren Bild in die Situation des Nikodemus und suche Jesus auf. Welche Fragen für dein Leben möchtest du stellen? Welche Antworten hörst du, die in deine Feder fließen, auch wenn sie dir fremd sind?

- *Beispiel:*

  Es ist Nacht, oh Gott.
  Ich taste zu dir. Bist du da?
  Immer wieder komme ich zum gleichen Punkt
  und spüre den Abstand zu dir.
  Lass dir an meiner Gnade genügen, sagst du.
  Die Stille der Nacht ist wie meine Liebe.
  Sie ist da. Ich bin da.

# Platz für eigene Gedanken

Der Duft des Sommers
zwischen Tagebuchseiten
rieseln Kornblumen

# Danken

Das Telefon klingelt. Auf dem Display sehe ich Andrés Telefonnummer leuchten. Ich zögere einen Moment, bevor ich zum Hörer greife. Oft braucht André Hilfe. Manchmal ist mir das lästig. Die „Stütze“ für den Monat ist schnell ausgegeben oder die Handyrechnung ist wieder mal höher ausgefallen als sein Budget erlaubt. Was wird es diesmal sein? Zu meiner Überraschung kommt nach dem ersten „Wie geht's?“ keine Bitte, keine Geschichte, sondern ein Dank. „Ich möchte einfach mal Danke sagen, dass du mich im Krankenhaus besucht hast, als ich so lange da war. Sonst kam keiner. Das tat mir gut.“ Seine Worte berühren mich. Ich freue mich über seinen Dank und zeige ihm das auch.

Dank kann das Herz öffnen für beide Seiten, dem Spender des Dankes wie dessen Empfänger. Der Blick weitet sich, wenn wir erkennen, wie viel wir anderen und Gott verdanken. Wer in einer Haltung der Dankbarkeit lebt, geht mit einem Gefühl der Fülle durchs Leben. Es lohnt sich dieses einzuüben zum Segen für uns und die anderen. In der Nähe dankbarer Menschen lässt es sich gut aushalten. So vieles erhalten wir gratis! Das meiste brauchen wir uns gottlob nicht verdienen. Wir erhalten es.

*„Dankt für alles, denn das ist der Wille Gottes für euch in Jesus Christus“* schreibt Paulus am Schluss seines 1. Briefes an die Gemeinde in Tessaloniki (1 Tessalonicher 1,18). Das Buch der Psalmen ist eine Fundgrube an Dankliedern, in denen das Heilswirken Gottes gepriesen wird. Auch Jesus wird nicht müde, Gott zu danken. Lukas beschreibt eine Szene, in der von zehn Geheilten nur einer umkehrt, um Jesus und Gott zu danken und zu loben (Lukas 17,11-19).

# Übung

1. Nimm dir Zeit zum Danken. Am besten täglich, zum Beispiel in einem Danktagebuch! Zu besonderen Zeiten lohnt es sich, auf eine Wegstrecke zurückzublicken und aufzuschreiben, wofür ich danken will. Schreibe einen eigenen Danktext oder Dankpsalm! Das geht auch an Tagen, die erstmal gar nicht so nach Dank schmecken.

   **Folgende Form kann ein Rahmen sein:**
   Nimm eine DIN-A4-Seite (Hochformat) und ziehe einen vertikalen Strich in der Mitte des Blattes. Halte eine Weile inne, was in dir an Dank nach dem heutigen Tag aufsteigt. Beginne auf der linken Spalte mit „*ich danke*" und setze den Satz rechts fort. Fange erneut links an mit „*ich danke*" ...

• *Beispiel:*

| | |
|---|---|
| *Ich danke* | Der Morgen erhebt sich mit Schönheit. |
| *Ich danke* | Im Apfelbaum glitzert das Morgenlicht. |
| *Ich danke* | Die kleinen grünen Sommeräpfel reifen schon. |
| *Ich danke* | Vor dem Fenster singt die gefleckte Drossel. |
| *Ich danke* | Ihr Lied erfüllt den Garten. |

Am Ende steht ein Dankgebet insgesamt oder mit eigenem Reiz auf der rechten Seite ein Text, der Dankbarkeit atmet, ohne dass es in jedem Satz steht:

*Danke*
Der Morgen erhebt sich mit Schönheit.
Im Apfelbaum glitzert das Morgenlicht.
Die kleinen Sommeräpfel reifen schon.
Vor dem Fenster trällert die gefleckte Drossel.
Ihr Lied erfüllt den Garten.

2. Lies die Erzählung vom dankbaren Samariter durch, den Jesus von seinem Aussatz geheilt hat (Lukas 17,11-19). Schreibe aus dessen Perspektive. Er wendet sich an Jesus.

● *Beispiel:*
So lange lebte ich am Rande der Gemeinschaft. Keiner duldete unsere Nähe. Alle hatten Angst, sich anzustecken. Und da kamst du, ein Nazarener. Sie nannten dich Jesus. Du bist stehen geblieben und hast auf unsere Schreie gehört. Mit jeder Faser meines Leibes und meiner Seele spürte ich, dass sich mein Leben wendet. Und jetzt bin ich geheilt! Die Haut ist rein, mehr noch meine Seele. Mein Herz ist voll Dank, Jesus. Dein Ohr, dein Herz, deine Macht der Liebe haben mich geheilt ...

# Ein Lied

Nach den ersten drei Akkorden erkenne ich das Lied, das im Radio gespielt wird: „Let it be" von den Beatles. Ich summe mit, bis es ins Singen übergeht: zuerst den Refrain, bis auch die anderen Strophen ins Gedächtnis rücken. „When I find myself in times of trouble Mother Mary comes to me" ... Den ganzen Tag begleitet mich das Lied. Erinnerungen an Feten in Partykellern unserer Eltern fallen mir ein, melancholische Nachmittage mit Earl-Grey-Tee und dem Lied von der Beatles LP auf dem Plattenspieler und vieles mehr.

Höchstes Glück und tiefste Traurigkeit können wir mit einem Lied verbinden. Geborgenheit und Innerlichkeit sind eingewoben wie auch pure Lebensfreude. Worte und Klang schaffen einen eigenen Kosmos. Sie bringen uns eine Botschaft nahe, die viel tiefer geht als eine bloße Mitteilung. Schon als Babys vernehmen wir dies, wenn unsere Eltern uns in den Schlaf singen. Lieder kommen direkt aus dem Herzen.

Auch die Bibel ist voller Lieder. Eines der bekanntesten Lieder im Neuen Testament ist das Magnifikat der Maria (Lukas 1,46-56). Es gehört zu den Befreiungs- und Lobliedern biblischer Frauen. Wie Miriam im Alten Testament preist Maria Gottes Größe und erzählt von seinem heilvollen Wirken in unserer Geschichte. Das Magnifikat ist eingegangen in das Stundengebet der Kirche, das jeden Tag gebetet und gesungen wird.

••••••

# Übung

1. Erinnere dich an ein Lied, das dir nahe geht oder dir jetzt einfällt. Wenn möglich, singe es oder höre es dir an! Schreibe, was dir zu diesem Lied einfällt.

   Oder schreibe ein eigenes Lied! Welcher Refrain soll sich wiederholen? Lausche, wie sich (d)ein Rhythmus einstellt:

• *Beispiel:*
R: Dieser Sommer beschenkt uns mit Licht.

Die Äpfel an den Zweigen
leuchten in unseren Gärten.

R: Dieser Sommer beschenkt uns mit Licht.

Noch wenn es Nacht wird
spüren wir die Wärme.

R: Dieser Sommer beschenkt uns mit Licht ...

2. Lies laut des Magnifikat, das Maria singt:
   „*Meine Seele preist die Größe des Herrn*“ (Lukas 1,46-56). Schreibe, was dir einfällt und was dich berührt an Marias Magnifikat.

• *Beispiel:*
Das Herz wird mir weit, Maria. Ich spüre deine Freude und höre deinen Jubel. Aufrecht stehst du da und singst zu Gott. Er hat dein Herz weit gemacht. Und er wird alles gut machen, auch wenn es noch nicht so aussieht ...

# Gemeinschaft

Mit federndem Schritt verrichtet die Sakristanin die Vorbereitungen für den Gottesdienst. Sie legt im Kirchenraum die Bücher aus und entzündet die Kerzen auf den Leuchtern. Zurück in der Sakristei, ist ihr Tun nur noch als Rascheln wie von Schmetterlingsflügeln hinter der Trennwand zu vernehmen. Weitere Ordensschwestern haben sich auf ihre Plätze in der Kirche begeben im Kreis um den Altar. Sie sitzen da mit geschlossenen Augen. Ihre Haltung strahlt Stille aus, die sich im Raum ausbreitet und verdichtet. Etwas Einladendes geht davon aus, obgleich sie ganz bei sich sind. Ohne Worte geschieht Gemeinschaft. Ich fühle mich mit hineingenommen in diesen Gebetsfluss.

Gemeinschaft stärkt uns. Ob im Fußballstadion, im Orchester, beim Familientreffen, in der Arbeit. Wir sind dann immer „mehr" als die Summe der Einzelnen. Eine besondere Färbung hat die Gemeinschaft mit Menschen, die auch ihre Suche nach Sinn, nach Gott teilen. Es kommt dabei eine andere Dimension zu tragen, die sich nicht fassen lässt und doch erlebbar ist. Diese Erfahrung drückt Jesus in seiner Zusage so aus:

*„Denn wo zwei oder drei in meinem Namen versammelt sind, bin ich mitten unter ihnen."*
(Matthäus 18,20)

Ein bekannter Kanon greift diesen Satz auf.

Eine anschauliche geschwisterliche Gemeinschaft beschreibt die Apostelgeschichte von der jungen Gemeinde nach Jesu Tod, Auferstehung und Himmelfahrt:

*„Sie verkauften Hab und Gut und teilten davon allen zu,*
*jedem so viel, wie er nötig hatte.*
*Tag für Tag verharrten sie einmütig im Tempel,*
*brachen in ihren Häusern das Brot und hielten Mahl*
*miteinander in Freude und Lauterkeit des Herzens."*
(Apostelgeschichte 2,43-47)

• • • • • •

# Übung

1. Nimm dir Zeit, dich auf diese Übungszeit mit Papier und Bleistift auszurichten mit einer Geste, einem Gebet, einer Vergegenwärtigung Gottes. Lass in dir aufsteigen, was du erinnerst an Erfahrungen von Gemeinschaft oder was du erträumst! Das, was sich jetzt meldet ist „dran" und wird aufgeschrieben. Umkreise Worte, die viel Energie haben und spüre ihnen nach.

   Dann schreibe daraus ein ***Zevenaar*** (Sieben-Zeilen-Gedicht) nach folgendem Schema:

   1. Zeile: ein Platz/Ort
   2. Zeile: ein Ich-Satz mit einer Tätigkeit
   3. Zeile: ein Vergleich oder eine Frage
   4. Zeile: ein Detail aus einer der vorhergehenden Zeilen
   5. Zeile: eine Erweiterung
   6. Zeile: wie Zeile eins
   7. Zeile: wie Zeile zwei

- *Beispiel:*

  Abends im Chorraum lausche ich
  im Kreis der anderen
  wie ein Glied in der Kette.
  Eine stimmt ein Lied an,
  es schweben die Töne.
  Abends im Chorraum lausche ich
  im Kreis der anderen.

2. Lies die Schilderung der ersten Christengemeinde durch (Apostelgeschichte 2,43-47).

   Schreibe aus der Sicht eines der Anwesenden oder eines Nachbarn, der mit Sympathie oder Skepsis die Gemeinde beobachtet.

- *Beispiel:*

  Immer wieder kommen sie zusammen. Ganz einfache Leute, Handwerker, Fischer, keine Hochstehenden. Etwas Frohes geht von ihnen aus. Wird sich das legen? Sie singen, sie beten und sie packen mit an, wenn jemand Hilfe braucht. Eine neue Art zu Glauben ist das. Von Vorschriften ist wenig die Rede, mehr von Freude und Dank ...

# Freundschaft

„Hast du Zeit zum Sprechen?“, diese Nachricht von Anne erreicht mich über mein Smartphone. Sofort ahne ich, dass sie etwas auf dem Herzen hat. Wir verabreden uns für den Nachmittag zum Telefonieren. Als sie sich meldet, verrät ihre Stimme, die tiefer klingt als sonst, dass etwas passiert ist. Es gibt einen überraschenden Todesfall in ihrer Familie. Wir sprechen lange …

Freundinnen und Freunde machen unser Leben reich. Wir beschenken einander mit Vertrauen, das wir aus freiem Herzen geben. Voreinander brauchen wir nichts darzustellen oder zu leisten. In Freiheit geben wir, was wir besitzen: unsere Zeit, unser Ohr, unser Herz, unsere Unterstützung, Rat und Humor.

In den Abschiedsreden Jesu im Johannesevangelium nennt Jesu seine Jünger Freunde:

*„Vielmehr habe ich euch Freunde genannt;*
*denn ich habe euch alles mitgeteilt,*
*was ich von meinem Vater gehört habe.“*
(Johannes 15,15)

Jesus teilt mit seinen Freundinnen und Freunden das für ihn Intimste und Kostbarste: seine Gottesbeziehung. Dieser Schatz übersteigt für ihn jegliche materielle Gabe.

# Übung

1. Schreibe über eine Erfahrung mit einer Freundin oder einem Freund. Was ist das Besondere an dieser Freundschaft? Was bedeutet sie für dich?

2. Lies den Abschnitt aus den Abschiedsreden Jesu und lass dich von ihm zu dieser Freundschaft einladen. Was löst das in dir aus?

- *Beispiel:*
  Lange Wege sind deine Gefährten mit dir gegangen, Jesus. Sie haben hautnah erlebt, was du gewirkt hast. Deinen Ansprachen haben sie gelauscht. Du warst ihr Rabbi, ihr Lehrer. Nun nennst du sie Freunde. Auch mich nennst du so. Du sprichst auf Augenhöhe. Dein Angebot der Freundschaft berührt mich. Bin ich würdig? Ich weiß um meine Halbherzigkeiten. Du kennst sie auch. Und doch weiß ich von dir: Die Liebe rechnet nicht. Sie lädt ein und in ihr ist alles möglich …

# Platz für eigene Gedanken

# Anregungen zum Weitergehen

Führe eine Übung weiter, die sich gut in deinen Alltag integrieren lässt, zum Beispiel täglich morgens 15 Minuten zu schreiben, was in dir lebendig ist oder am Abend einen Vierzeiler als Rückblick.

• • • • • •

Wenn du geschrieben hast, lasse das Geschriebene ruhen und mindestens eine Woche verstreichen, bevor du es noch einmal durchliest.
Mit Abstand kann dir die Lektüre Erkenntnisse über deinen Weg schenken.

• • • • • •

Nimm jede Gelegenheit wahr, still zu sein und zu lauschen.

• • • • • •

Übe das Sein in der Gegenwart, denn da kannst du Gottes Gegenwart erfahren!

• • • • • •

Lass alles Vergleichen, teile deine Erfahrungen konkurrenzfrei mit Menschen deines Vertrauens.
Ihr stärkt einander.

• • • • • •

Bleibe absichtslos und übe, das zu nehmen, was kommt.
Gott ist darin.

• • • • • •

Nimm schmackhafte Lektüre aus der Bibel oder Dichtung zu dir und verkoste sie.
Sie sind ein Reichtum!

# Schreiben ist beten

das leise
über die Blätter huschende
Kratzen des Bleistifts

Vogelschritte auf weißem
Grund –
los
frühlingsnah[9]

---

9 Aus: Lisa F. Oesterheld, Gottesschimmer, Echter Verlag 2016, S. 13

# Literaturverzeichnis

**Cameron, Julia:** Der Weg des Künstlers, Knaur MensSana, 3. Auflage 2019.

**Delbrêl, Madeleine, hrsg. von Annette Schleinzer:** Gott einen Ort sichern, Topos plus 2007.

**Derksen, Nicolaas/Mennen, Claudia/Tscherner, Sabine:** Bibliodrama als Seelsorge, Schwabenverlag 2016.

**Die Bibel.** Einheitsübersetzung der Heiligen Schrift, Katholisches Bibelwerk 2017.

**Gamma, Anna:** Schreiben als Weg, Theseus Verlag 2010.

**Goldberg, Natalie:** Schreiben in Cafés, Autorenhaus Verlag, 4. Auflage 2014.

**Gotteslob.** Katholisches Gebet- und Gesangbuch, Aschendorf Verlag 2013.

**Hillesum, Etty:** Das denkende Herz, Rowohlt Verlag 1983.

**Ignatius von Loyola:** Bericht des Pilgers, hrsg. von Peter Knauer, Echter Verlag 2015.

**Ignatius von Loyola:** Geistliche Übungen, hrsg. von Peter Knauer, Echter Verlag, 5. Auflage 2021.

**Müller, Wunibald/Cuntz, Detlev (Hrsg.):** Kontemplativ leben. Erinnerungen an Thomas Merton, Vier Türme Verlag 2014.

**Novalis:** www.aphorismen.de/zitat/6284

**Oesterheld, Lisa F.:** Gottesschimmer, Echter Verlag 2016.

**Oesterheld, Lisa F.:** Hymne ans Leben, Echter Verlag 2019.

**Schaller SJ, Hans:** Aus Rom – euer Ignatius!, Echter Verlag 2019.

**Sher, Gail:** Schreib dich frei, Edition Spuren 2003.

**songtexte.com**/songtext/the-beatles/let-it-be-73d2920d.html

**Teresa von Ávila:** Das Buch meines Lebens, Herder Verlag, 5. Auflage 2009.

**Tieber-Dorneger, Monika:** www.schreibflow.at

Ebenfalls von Lisa F. Oesterheld im Verlag erschienen:

# Im Gotteshaus der Poesie

## Gedanken, Gedichte, Gebete

Poesie bringt Saiten in uns zum Schwingen, die den Verstand übersteigen. Mit wenigen Worten kann uns ein Gedicht in Kontakt mit unserer tiefsten Sehnsucht bringen. Die Autorin Lisa F. Oesterheld weiß um das Wunder der Worte.
Mit ihren Gedanken, Gedichten und Gebeten lotet sie aus, wie sich über Poesie ein neuer Zugang zum Leben und zu Gott eröffnet. Sie entdeckt darin eine Einladung zum Innehalten, Staunen und Beten. So kann Dichtung zum „Gotteshaus der Poesie“ werden.
Inspiriert sind die Texte von der Heiligen Schrift, der franziskanischen Spiritualität und deren Poesie.

**Reihe „Franziskanische Akzente“, hrsg. von Mirjam Schambeck und Cornelius Bohl, Band 42**

1. Auflage 2025
120 Seiten, 12 x 20 cm
Gebunden

ISBN 978-3-429-06760-1
ISBN 978-3-429-06761-8 (PDF)
ISBN 978-3-429-06762-5 (ePub)

echter

**Bibliografische Information der Deutschen Nationalbibliothek:**
Die Deutsche Nationalbibliothek verzeichnet diese Publikation in der Deutschen Nationalbibliografie; detaillierte bibliografische Daten sind im Internet über http://dnb.d-nb.de abrufbar.



Klimaneutrale Produktion.
Gedruckt auf umweltfreundlichem, chlorfrei gebleichtem Papier.

2. Auflage 2026


Echter Verlag | Dominikanerplatz 8 | 97070 Würzburg
Tel. 0931 66068-0 | info@echter-verlag.de

Covergestaltung: Vogelsang Design, Jens Vogelsang, Aachen
Coverfoto: © shutterstock.com/Kara Gebhardt
Layout Innenteil: satzgrafik Susanne Dalley, Aachen
Druck und Bindung: Nørhaven A/S
Printed in Denmark
ISBN 978-3-429-05798-5

www.echter.de